EL VAIXELL  DE VAPOR

L'Ocell de Foc

Emili Teixidor

Il·lustracions de Victòria Tubau

editorial cruïlla

Primera edició: abril de 1972
Trenta-novena edició (trentena d'Editorial Cruïlla): octubre de 2006

Direcció literària: Montse Ingla Mas
Il·lustracions i coberta: Victòria Tubau

Balmes, 245 - 08006 Barcelona
editorial@cruilla.com

Comercialitza: CESMA, SA

ISBN: 84-7629-041-1
DL: M-41.513-2006
Imprès a Espanya / *Printed in Spain*
Impremta
Gohegraf Industrias Gráficas, SL

Nota de l'autor

Alguns dels fets que explica aquest llibre ocorregueren tal com són referits i d'altres els ha adobat l'autor amb una bona dosi de fantasia. Per documentar-se ha llegit uns quants llibres, que els lectors més joves podran llegir quan estiguin més acostumats a la lectura, perquè són uns llibres força gruixuts, i els més importants són aquests: Crònica de Jaume I, Tirant lo Blanc, *de Joanot Martorell i Martí Joan de Galba,* Història de la literatura catalana *de Martí de Riquer,* Poesía juglaresca y juglares, *de Ramón Menéndez Pidal,* La foguera de Montsegur *i* Els cremats, *de Zoé Oldenbourg, la* Història de Catalunya *de Ferran Soldevila i els* Carmina Burana *en la versió de Joan Petit. A vegades ha deixat petits fragments dels llibres consultats tal com els ha trobat escrits, sobretot si eren d'autors catalans, perquè li ha semblat que estaven molt ben escrits i que als lectors els agradaria de llegir-los i no hi ha posat cap senyal especial per no destorbar-ne la lectura.*

Les poesies Cançó trista *i* Escomesa a la mort, *dels capítols 12 i 16 respectivament, les han escrites expressament per a aquest llibre Miquel Martí i Pol i Jaume Vidal i Alcover. Al capítol 12, tal com indica el context, també hi ha una poesia de Clementina Arderiu. Una de les que s'inclouen en el capítol 19 és, tal com va indicat en el context, de Jaume Roig i el procediment de «trobar estrany», en el mateix capítol, és de Cerverí de Girona. La resta són versots que l'autor ha engi-*

ponat per a aquesta circumstància, excepte els fragments de la Cançó de Croada, *de la mort de Simó de Montfort, i de* L'hora perfecta, *que ha traduït i adaptat de l'occità i del francès.*

PRIMERA PART

ELS CAMINS

1 *L'Escarnidor d'Ocells*

AQUELLA NIT tots havíem dormit al ras, ajaguts sobre un jaç de palla. L'endemà de bon matí, quan emprenguérem de nou la marxa, jo vaig preguntar:

—Cap on anem?

—Cap als dos castells —em respongué el Cec de Cabrera sense aturar-se.

El Cec de Cabrera tustava amb la punta del bastó les vores dels camins, els clots i les pedres. Caminava amb passes llargues i alçava molt els peus; mai no ensopegava. Anava amb el cap enlairat, el nas arrufat, com si ensumés els vents, i els ulls oberts i buits, blancs com dos glaços.

—Són lluny? Quant trigarem a arribar-hi?

Jo anava sempre al costat o al davant del Cec, perquè, com que era el més jove de la colla, li feia de pigall. En lloc de respondre'm, el Cec de Cabrera s'aturà tot d'una; allargà la mà per agafar-me del braç i immobilitzar-me. Jo vaig girar el cap, mig espantat. El Cec era un home d'una cinquantena d'anys, alt i bru, vestit sempre de negre, amb llarga cabellera i fosca barba espessa. Era sorrut, parlava poc i la ceguesa i els ulls, sempre oberts i fixos, donaven un aire feréstec a la seva cara. Però quan agafava el llaüt i es posava a cantar, tot ell es transformava, la veu era dolça, els gestos suaus, els ulls reien com si haguessin trobat on posar-se.

El silenci durava massa i la grapa no afluixava. El braç em feia mal.

—Què passa? Deixeu-me o em trencareu el braç!

—Que no vénen els altres? —demanà el Cec, afluixant.

—Sí que vénen —vaig dir tot mirant el camí enrere—. Són un tros avall. Ja ens atraparan. Que no saben el camí?

—L'Escarnidor d'Ocells, també hi és?

Jo vaig apartar-me cap a un costat per fixar-me bé en el grup que ens seguia.

—No els distingeixo bé... Uns pins me'ls tapen. Espereu que passin el revolt i us ho diré... Què sospiteu?

—Tu mira i prou!

—Hem dormit tots cinc. L'Escarnidor d'Ocells bé ha començat a caminar amb nosaltres...

—Però s'ha anat quedant enrere...

—Penseu que volia amagar-se?

—Fa estona que només sento les veus de la Soldadera i del Cavaller Salvatge...

—Ara els veig bé! Són tres: el més alt i forçut és el Cavaller Salvatge..., amb el seu vestit morat i el capell de plomes virolades, l'altre és una dona, la joglaressa Matilde, és clar...

—Joglaressa! —féu el Cec, amb escarnot—. Et tinc dit que li diguis la Soldadera i gràcies. Joglaressa, ella, amb la veu de perola que té, incapaç d'entendre què és una estrofa!

—...la Soldadera, doncs, amb les faldilles de color vermell i el cap ple de flors...

—El tercer! Digues: és l'Escarnidor d'Ocells, el tercer?

—El tercer és l'ós de l'Infern, l'animal del Cavaller Salvatge. L'Escarnidor d'Ocells, no el veig per cap banda.

El Cec de Cabrera acotà el cap, trist, com si digués que ja s'ho pensava.

—Esperem una mica —vaig dir jo per animar-lo—. Potser s'ha quedat endarrerit i sortirà pel camí ara abans d'ara. De moment, però, no el veig enlloc.

—Ha fugit —explicà el Cec, i la seguretat amb què parlava em sorprengué. Com podia saber-ho?

—Ha fugit? Per què havia de fugir? És de la colla, com el Cavaller Salvatge i la Soldadera, o com jo mateix. Fa més d'un any que ve amb nosaltres. Sap escarnir el cant de més de trenta classes d'ocells. La gent que se l'escolta queda embabaiada. És un bon amic, alegre i valent. Li feu bons tractes i ell no es queixa pas. Només li sap greu una cosa...

—Quina? —el Cec mostrà interès de seguida.

—Que en els llocs on actuem, i sobretot als castells, ell hagi de ser el primer de sortir. El seu art, diu ell, és més fi i més noble que el del Cavaller Salvatge i el de la Soldadera. Ell vol que surtin primer el Cavaller Salvatge a fer ballar l'ós de l'Infern, després la joglaressa Matilde, vull dir la Soldadera, a tocar la pandereta i a ballar i a cantar, després ell, i després nosaltres dos. Ell pensa que el seu treball té més mèrit i és més difícil que el d'aquests dos que ara vénen. Si l'animal del Cavaller Salvatge fos un cavall, encara, però un ós! No pot sofrir que el treball d'un ós, i un ós robat als moros per fer més fàstic, li passi la mà per la cara... Si ha fugit, segur que ha estat per aquesta raó. No deu voler veure més el seu art trepitjat per un ós.

—Potser tenia raó —considerà el Cec—, però tingues en compte que ell era el darrer arribat a la colla. Només feia un any que venia amb nosaltres. El Cavaller Salvatge en fa molts, i abans de robar l'ós als moros, feia meravelles amb un cavall blanc que se li va morir d'esgotament.

—I la Soldadera, quants anys fa que ve amb nosaltres?

—Ui...! No me'n recordo, ja. Temps era temps...

El Cec es posà a riure. Era un caràcter ben estrany, pensava jo; un moment abans l'home feia una cara com una pedra, i ara li venia el bon humor. És difícil d'entendre les coses que fa una persona per la qual sempre és de nit. M'esfereïa de pensar com seria jo si m'arribava la desgràcia de perdre la vista.

—De què ve el nom de Soldadera?

—De cobrar una soldada, un sou, un salari. Cobren per cantar i ballar.

—Com nosaltres.

—Nosaltres no ballem! —tornava el mal humor—. Nosaltres no som acròbates, ni mims, ni saltimbanquis, ni escamotejadors, ni garlaires... Nosaltres som joglars, però no engolim sabres ni mostrem bèsties ensenyades. Nosaltres viatgem, servim de missatgers, cantem les millors cançons i rebem or i vestits en obsequi. Alguns fan de captaires, són esguerrats o pòtols que es refugien en l'ofici de joglar i el fan malbé i ens deshonren. T'he explicat mil cops aquestes coses: els joglars, que moltes vegades també fem cançons, generalment ens guanyem la vida cantant versos que componen els trobadors...

El Cec s'interrompé, i canvià el to de veu per demanar:

—Arriben o no arriben, el parell de mussols amb l'ós de l'Infern?

—Amb quatre gambades ens hauran atrapat. Són aquí mateix.

—I de l'Escarnidor d'Ocells, què?

—Ni rastre.

El Cec reprengué l'explicació de l'ofici de joglar amb veu més reposada:

—...els trobadors, tot i que a voltes cantin en públic, no ho fan per ofici, sinó per arribar amb l'exercici de la poesia i de la música a la plenitud de les qualitats cavalleresques. Els joglars demanen cançons als trobadors...

—Nosaltres les inventem...

—Ja t'he dit que moltes vegades els joglars són també poetes. És el nostre cas. Molts trobadors lloguen un joglar perquè doni a conèixer les seves cançons. Hi ha hagut grans senyors (reis, prínceps sobirans, barons) que han conreat la poesia i han esdevingut trobadors. Jo conec un antic trobador, noble també, que no podent mantenir cavalleria, es va fer joglar per guanyar-se les garrofes. Al meu país...

El Cec s'interrompé altre cop i restà una estona en silenci, com si se li hagués escapat un secret, com si li sabés greu d'haver pronunciat les darreres paraules, i el perllongat silenci les pogués esborrar.

—No m'heu explicat mai res de vós mateix. D'on sou?

—Calla —ordenà—, que els dos mussols ja són aquí.

—I tampoc no m'heu explicat mai res de mi —jo volia aprofitar aquell moment de torbació del Cec per saber coses—. Quant de temps fa que jo sóc de la colla? Quants anys fa que em tragineu pel món? Quina és la meva terra? Qui són els meus pares? Quin és el meu nom...?

—Et dius Ocell de Foc, ets un joglaret de la colla del Cec de Cabrera i para de comptar!

—És veritat que varen trobar-me al bosc, petit petit, embolcallat amb teles de seda i llana fina, dessota d'un roure?

El Cavaller Salvatge i la Soldadera ens havien atrapat. La ferum de l'ós de l'Infern, que el Cavaller arrossegava per una corda lligada al coll, féu girar amb fàstic el cap al Cec. La Soldadera anava carregada de farcells i embalums, com una bèstia.

—Ja feu bé, ja, de seguir una estona més enrere que nosaltres. No puc aguantar la fetor d'aquests animals!

—Al públic li agrada. El prenen pel mateix dimoni —digué el Cavaller Salvatge.

—Per què ens heu esperat, doncs, si no sofriu la pudor de l'ós? —féu la Soldadera.

—L'Escarnidor d'Ocells venia amb vosaltres?

—No l'hem vist en tot el camí. Ens pensàvem que venia amb vosaltres —s'estranyà el Cavaller Salvatge.

Ens miràrem tots tres, sense saber què dir. El Cec alçà el cap com si flairés alguna cosa. Després d'una estona digué:

—S'ha escapat. Bord, foll, tinyós!

—Ens ha robat? —s'alarmà la Soldadera.

El Cec es posà la mà a la cintura, sobre un bony de la faixa.

—No hauria pas pogut!

—Per què ens ha deixat, doncs? —preguntà el Cavaller Salvatge.

—No ho sé. Seguim cap als dos castells, com si res no hagués passat. Aneu al davant vosaltres, ara. Deixeu-me pensar què pot haver succeït.

La Soldadera i el Cavaller Salvatge, amb l'ós de l'Infern, passaren camí avant. El Cec s'ajupí a la vora del camí, i finalment, s'assegué sobre una pedra. Jo me'l mirava, dret al seu costat. Quina en barrinava? Jo començava a tenir gana. El sol era molt alt i aviat seria migdia. Des d'un tros lluny, el Cavaller Salvatge es girà per demanar a crits:

—A quin castell anem primer: al Castell de Rocablanca o al Castell de Rocabruna?

El Cec s'alçà i respongué ben alt també:

—És igual! Al que més us agradi!

I després, en veu baixa, com parlant amb ell mateix, comentà:

—Si és cert el que penso, no arribarem ni a Rocablanca ni a Rocabruna. Tant li fa l'un com l'altre, doncs!

Jo no vaig dir res, esperant que el Cec mateix s'anés descabdellant. El Cec allargà el braç, amb la mà oberta, i jo vaig acostar-m'hi per oferir-li l'espatlla. La mà del Cec era lleugera, i quan començàrem a caminar em donà, amicalment, dos o tres cops a l'espatlla.

2 *El vescomte bandoler*

NO HAVÍEM FET més de set o vuit passes que el Cec cridà al grup de davant:

—Ei, Soldadera, i tu, Cavaller Salvatge! No us separeu gaire de nosaltres. Just perquè la pudor de la bèstia no m'emmetzini.

I després, més baix, em digué:

—I tu, Ocell de Foc, comença a pensar on vols parar-te a menjar una mica. Prepara el sacotell del pa i el llard.

—El porta la Soldadera. Jo en tinc prou amb el llaüt.

Després vaig afegir, per veure si li treia alguna cosa més del seu dubte sobre la nostra arribada als castells de Rocablanca i de Rocabruna:

—No fóra millor que esperéssim a arribar als dos castells, per dinar? Potser els senyors ens convidarien a la taula, almenys a vós i a mi, i als altres a la cuina, com abans-d'ahir va fer el vescomte de Peguera.

Però el Cec no comentà res. Com si no m'hagués sentit. Jo, encuriosit, vaig burxar altre cop:

—Només arribar al Castell de Peguera, que els majordoms ja ens van portar a la taula del vescomte. Potser als dos castells ens passarà el mateix.

El Cec no obria boca.

—Quin dinar! Un festí. Celebraven l'èxit d'una cacera. No ho havia vist mai. Un noble feia de majordom, presentava cada plat al vescomte i a la vescomtessa i cantava una dansa nova que ell mateix havia compost. I a cada plat nou, la mateixa cerimònia.

—Al vescomte de Peguera li agrada la conversa alegre mentre dura l'àpat, i com que els nobles que l'acompanyen són uns enzes que no saben treure's les paraules de la boca...

—És per aquest motiu que ens va convidar?

—I també perquè alabéssim públicament el seu menjar i la seva generositat, i per gaudir del nostre cant a la sobretaula.

—Bé li devien agradar les cançons que li vam dedicar, perquè us va oferir un gipó de brocat, adornat amb pells d'ermini i amb moltes perles.

—Més m'hauria estimat de regal un bon cavall!

—Potser a Rocablanca, o a Rocabruna...

Altre cop el silenci del Cec.

—El que no entenc és per què abans de començar el tiberi, abans que el vescomte i els seus vassalls ens acceptessin a taula, quan la vescomtessa us va demanar «Quines noves ens porteu?», i vós vau contestar amb el romanç del nostre rei En Jaume, en acabar, el vescomte us va dir: «Penseu, Cec de Cabrera, que quan el nostre rei infant tingui edat per brandar una espasa i aguantar-se sobre un cavall, ajudarà els vostres amics del vescomtat de Tolosa a salvar-se del foc?» Què volia dir amb això, el vescomte?

El Cec es parà en sec, però no va dir res. Jo vaig insistir, perquè em pensava que estava a punt d'obrir la porta dels misteris.

—I per què quan li vau contestar que vós no en sabíeu res, de Tolosa ni del foc, ell us va preguntar si menjaríeu llet i mantega i si havíeu portat un vestit amb dues creus de diferent color a cada costat? I vós vau beure davant de tothom un bol de llet i vau dir que mai no havíeu portat un vestit amb un parell de creus a cada costat, i vau assegurar que la llegenda...

El Cec m'interrompé:

—Calla! —ordenà.

Jo vaig quedar-me parat. Ell s'acostà i m'agafà el cap entre les mans, sense fer-me mal. M'estrenyia la cara contra el seu pit, mentre deia amb veu lenta:

—Vaig assegurar que la llegenda que em fa cec de resultes d'un turment infligit pels francesos que em volien fer dir l'amagatall de dos infants, nascuts de poc, fill l'un del vescomte de Carcassona, Ramon Roger Trencavel, i l'altre del meu amic Aicart de Carcassona, el més gran trobador d'aquests temps, morts tots dos, vescomte i trobador, per culpa dels francesos invasors, era falsa.

—Aicart de Carcassona? Ramon Roger Trencavel? Mai no us havia sentit dir aquests noms. Coneixíeu l'amagatall dels dos infants? Per què no parleu mai de la vostra ceguesa? Per què dèieu en veu baixa fa un moment que no arribarem mai ni a Rocablanca ni a Rocabruna?

—Ocell, Ocell de Foc —féu el Cec, estrenyent-me més fort—. Abans no feies tantes preguntes. M'ajudaves, aprenies a tocar el llaüt, el rabell, la flauta i tots els instruments que podíem trobar; ens divertíem fent cançons noves... Tu eres els meus ulls i les meves passes. Jo veia el món a través de les teves paraules. Havies acceptat tranquil·lament fins avui el fet que eres un infant trobat dessota d'un roure, embolcallat en teles fines de seda i de llana blanca. Que la Soldadera t'havia fet de dida, t'havia alletat i ensenyat a caminar i a parlar. I des dels anys més tendres, m'havies servit de pigall, Ocell, Ocell de Foc!

Les mans li tremolaven. Sentia el tremolor que agitava els seus braços i el batec del seu cor en els polsos que m'estrenyien les orelles.

—T'has fet gran —la seva veu era ferma—. Ets un noi i jo em pensava que encara eres un infant. Quants anys deus tenir? Deu, onze, dotze...? No ho sé.

—Jo diria onze, perquè em comparo amb vailets d'aquesta edat i sóc alt com ells... Però els altres són més morenos que jo i tenen els ulls més foscos. Els meus cabells són més clars i tinc la cara pigada, sobretot el nas i les galtes...

—Tant se val els anys que tinguis. L'important és que has

començat a fer preguntes i que tens prou senderi per saber la veritat.

—La veritat? Quina veritat?

—La veritat del perquè som uns joglars de boca i de rabell, i rodem pels camins una mica a l'atzar, sense llar, sense amos, sense terra... Ara sóc un joglar entre els ciutadans, sortim per places i mercats, per tavernes i tafureries, però abans anava per corts de reis i gentils barons...

—M'havíeu dit que la nostra missió era cantar les lloances del nostre rei infant En Jaume, i preparar el poble per al tron.

—És cert, aquesta és la veritat, però no tota. Has d'assabentar-te de moltes més coses.

El Cec em deixà. Els ulls li brillaven intensament, com si li tornés la vida. Cridà, sobtadament, esverat d'haver-los oblidat durant una estona:

—Soldadera! Cavaller Salvatge! Atureu-vos! Espereunos!

El Cec em donà una empenta i em demanà:

—S'aturen? S'han allunyat gaire? On són?

—Són al capdamunt de la pujada, un tros lluny, però s'han aturat i ens esperen.

El vaig agafar pel braç i començàrem a caminar.

—Afanya't, Ocell. No perdem temps. I mentrestant, escolta bé.

—Què passa? —jo estava neguitós. No entenia els canvis d'humor del meu amo.

—Has sentit el cant de la puput?

El Cec panteixava camí amunt, però no afluixava el pas. Al capdamunt de la carena ens esperaven els altres membres de la colla. Teníem el sol al damunt del cap però ja no picava com setmanes abans. Abans, al pic de l'estiu, fiblava com un escorpí, però ara era tebi i perfumat com un bany d'aigua d'olors. Els arbres eren gairebé tots de color groc i les fulles de color rogenc; la tardor era el temps que més m'agradava d'anar pels boscos. Hi havia tots els colors i els fruits eren madurs i queien a terra, esberlats de tanta riquesa, i supuraven mel i sucre. Els corriols eren encatifats de fulles roges. El bosc semblava un castell engalanat, un poble amb els balcons i els carrers plens de flors i draps de coloraines. Semblava que el bosc es preparés, amb tota la pompa, amb tot l'or, per a una festa solemne.

Al cap d'un tros de camí, el cant de la puput em va distreure de la contemplació del bosc. Cantà tres cops, ben clar, no lluny del lloc per on nosaltres passàvem.

—Ho has sentit? —el Cec apressà el pas.

—Sí... Què hi ha de mal en el cant de la puput?

—Res de mal... si fos la puput la que canta.

Immediatament vaig pensar en l'Escarnidor d'Ocells.

—Voleu dir...? —vaig començar.

—Vull dir que ja no és temps de veure's la cresta de les puputs per aquests indrets. A la tardor les puputs... És un avís, Ocell. Un mal averany.

—L'Escarnidor d'Ocells ens devia deixar per avisar-nos dels perills que correm? De quin perill ens advertiria?

—Encara no ho sé. Però és molt possible que l'Escarnidor hagi ensumat algun perill, i la seva desaparició no sigui altra cosa que un haver-se aturat a descobrir què passava, i ara ens vulgui avisar. Ara em sap greu d'haver malpensat d'ell. Recorda que el cant de la puput era el que ell utilitzava quan em volia posar alerta d'alguna atzagaiada. Recordes els cants que feia servir per comunicar-nos alguna cosa?

—El «sup-sup» del verdum volia dir «atenció», i si anava rematat per un «tsurrii» com de canari era que s'acostava algú. L'«aiui» d'ànsia de la cadernera volia dir «fugiu de pressa». El «xuiiit» nasal del passerell significava «podeu sortir, ha passat el perill». I la puput...

Tornàrem a sentir els tres cants, i sempre molt a prop nostre. El bosc era espès i no es veia res a cap banda.

—Si és l'Escarnidor, per què no es deixa veure, i no ens diu clar i net el que passa?

—No deu poder. Devem tenir el perill a sobre. T'havia d'haver explicat totes les coses abans, Ocell de Foc. Perdona'm per no haver endevinat fins ara que ja eres capaç de comprendre el món i els homes. Si ens passés alguna desgràcia, tu procura escapar-te. Salva't! Passats els dos castells, a tres dies de camí, pel caminoi dels codonyers i el prat de les Avellanes, trobaràs el monestir de Sant Fruitós. Vés-hi! Els monjos et recolliran i t'ajudaran. Demana pel prior. Es diu Berenguer de Foix, i és amic meu. Digues-li que hi vas de part meva i explica-li tot el que calgui. Porta-li el llaüt i aquesta bossa d'or. Ell t'ajudarà a fer-te un home i el millor joglar del món.

El Cec, sense deixar de caminar, es tragué una bossa de cuiro de sota la faixa i me la donà.

—Amaga-te-la bé. Lliga-te-la a la cintura, o pel mig de les cames...

—Què ens pot passar?

Se sentia el galopar d'uns cavalls al darrere nostre, cada cop més a prop, cada cop més rabents.

—Són els saltejadors del vescomte...

—El vescomte de Peguera? El que ens va convidar a la seva taula?

—El vescomte bandoler! Maleït, lladre!

—Us va regalar un gipó amb pell d'ermini i perles...!

—Per tornar-me'l a prendre un dia més tard, amb tota la resta de la meva pobra fortuna. Per això es va mostrar tan pròdig, el malgirbat!

—Voleu dir que el vescomte...? —jo no m'ho acabava d'empassar.

—No seria pas el primer que fa aquest joc: afalagar-te primer per trair-te millor després. Si és ell que ens fa aquesta jugada, faig prometença d'anar pel món d'ara endavant cantant dia i nit la traïdoria del vescomte bandoler, fins que tothom el conegui i el blasmi com mereix.

Els cavalls començaren a pujar la carena. Eren gairebé una dotzena i els cavallers no es distingien encara. El Cavaller Salvatge i la Soldadera deixaren l'ós de l'Infern i corregueren a refugiar-se a la vora del Cec.

—Fuig! —el Cec em besà el front i jo li vaig fer un petó a cada mà—. Fes el que t'he dit. En Berenguer de Foix t'explicarà tot el que vulguis saber: qui ets, les històries del foc i dels cremats, les dues creus al vestit i més coses encara...

Jo vaig saltar a tombarelles, bosc avall, i encara sentia el Cec que m'aconsellava:

—Acaba d'aprendre bé el nostre art, i si jo no puc, compon un sirventès contra aquest mal llamp de bandoler...

I després advertí al Cavaller Salvatge i a la Soldadera:

—Si us pregunten on tenim el vailet, direm que s'ha escapat amb l'Escarnidor d'Ocells, entesos? Que no l'hem vist en tot el dia, que ha fugit, que ha volat... L'Ocell de Foc ha volat, entesos?

El tronc d'una alzina em va aturar. Vaig amagar-me darrere d'unes mates de boix grèvol, en un lloc espès, on ells no em podien veure. Jo, en canvi, si apartava una mica les fulles, veia el Cec i el Cavaller Salvatge i la joglaressa Matilde, aturats al camí, i els cavalls que arribaven i els encerclaven, com per fer-los presoners.

3 *La ferida*

ELS CAVALLERS eren nou i anaven tots encaputxats i amb una capa virolada. Així que tingueren encerclats la colla del Cec de Cabrera, una veu demanà:

—On és el vailet?

La joglaressa Matilde servava les mans del Cec, perquè amb la fressa i el moviment dels cavalls no s'esverés massa. El Cavaller Salvatge tenia l'ós de l'Infern agafat pel coll i l'amanyagava. La mateixa veu dura i fosca repetí:

—On s'ha ficat el joglaret que venia amb vosaltres?

El Cec de Cabrera alçava el cap i el movia, tot tremolós, a banda i banda, com si s'anadonés dels moviments dels encaputxats i es fes càrrec, lentament, del que passava.

—Qui sou? Què voleu de nosaltres? —respongué el Cec, ferm.

—Volem l'Ocell de Foc, i de pressa! —exigí el qui portava la veu cantant, cada cop més ferreny.

—Som uns pobres joglars que no fem cap mal a ningú... —mormolà la Soldadera.

—El vescomte de Peguera i molts altres barons i gentilhomes ens coneixen i aprecien el nostre art —explicà el Cec, sense afluixar la veu—. El Castell de Peguera és el darrer lloc on han gaudit de les nostres cançons, danses i acrobàcies. Si ens feu algun tort us deshonrareu vosaltres mateixos, perquè no és de condició de bons cavallers atropellar gent desvalguda com nosaltres, ans pertany a l'orde de cavalleria el deure d'ajudar les dones, les criatures i els vells, i acompanyar-los fins que arribin a port segur.

Un dels desconeguts descavalcà i, sense dir res, s'acostà als farcells i embalums que la Soldadera havia deixat a terra per poder aguantar el Cec, que parlava:

—I no sols us deshonreu vosaltres faltant greument a la cortesia que tothora ha de mostrar el lleial cavaller, sinó que els vescomtes de Peguera se sentiran ferits i enutjats si la vostra conducta no és correcta envers uns vianants que fa poc eren a la seva taula i compartien la seva alegria. L'honor que ens ha fet el vescomte de Peguera tornarà contra d'ell el greuge que pugueu fer-nos a nosaltres.

L'encaputxat saberut que remenava els farcells havia trobat el gipó de brocat adornat amb pell d'ermini i perles, i el mostrava als altres cavallers, amb gestos de satisfacció.

Exclamà:

—Deia que eren uns pobres joglars...! Mireu quina riquesa...!

La joglaressa Matilde deixà les mans del Cec i intentà arrabassar-li el gipó, però l'encaputxat s'esquivà d'un salt.

—És un regal del vescomte de Peguera, en reconeixença dels nostres serveis! —suplicà la Soldadera, somicant.

—Cavallers...! —reptà el Cec, més entestat que mai—. No embruteu les vostres mans cometent una infàmia! Si els cavallers es confonen amb els lladres, qui vetllarà per la pau dels camins? Qui protegirà els desvalguts, les vídues i els orfes, si les accions dels cavallers són les mateixes que les dels bergants?

—Prou romanços, cec de mala jeia! —cridà la veu dura i fosca—. Ens diràs on s'ha entaforat el noi que cerquem, de bon grat o per força!

El Cavaller Salvatge i la Soldadera es precipitaren, tot d'una, sobre l'encaputxat que tenia el gipó. El Cavaller Salvatge, d'un cop de puny el féu rodar per terra, mentre la Soldadera, llesta, d'una estrebada li agafava la peça.

—Cavallers...! Companys...! —el Cec demanava concòrdia—. Amb violència no arreglarem res...!

—Atrapeu-me aquest parell de ximples! No els deixeu fugir! —cridà la veu fosca, dura com un tro.

Cinc encaputxats descavalcaren alhora. Quatre d'ells s'abraonaren sobre el Cavaller Salvatge, i després d'una estona de lluita, aconseguiren d'immobilitzar-lo. El mantenien estirat, d'esquena a terra, dos als braços i dos a les cames. El cinquè encaputxat empaità la Soldadera, que s'escapava amb el gipó per l'altra banda del camí, i estirant-la pels cabells, l'obligà a tornar enrere.

—Tu, roí, mal cavaller, coquí, deixa els cabells d'aquesta dona, i lluita sol amb mi si t'atreveixes, covard! —el Cavaller Salvatge escopia tot els penjaments.

—Feu-lo callar! —ordenà el qui manava—. Lligueu-los tots tres, i pengeu el Cec d'un arbre. A veure si ens diu d'una vegada on és el vailet!

L'ós de l'Infern s'havia destarotat i espantava els cavalls, fins que un encaputxat l'obligà, a fuetades, a apartar-se del grup. L'animal, d'un tros lluny, contemplava com els desconeguts lligaven els seus amos.

El cavaller de la veu dura i fosca donava ordres des de dalt del cavall. Dos encaputxats, que tampoc no havien descavalcat, li feien costat.

—Doneu un tomb pels voltants —el capitost encarregà als dos esbirros—, no fos cas que el vailet s'hagués amagat per aquí.

—És estrany que no sigui amb la colla —comentà un dels encaputxats—. Encara aquest matí, quan han començat la marxa, el noi anava amb ells.

—No trigarem pas gaire a saber on és. I m'ensumo que el dimoni del Cec no parava el seu parlar, tan compost i solemne, per donar temps a l'Ocell de Foc a amagar-se pel bosc. Aneu a veure si el trobeu. Vigileu bé les petjades que pugui haver deixat.

Els dos encaputxats esperonaren els seus cavalls i es ficaren un a cada banda del bosc. Mentre jo m'apartava del meu amagatall i fugia bosc endins, sense fer fressa, vaig sentir la veu imperiosa del capità dels saltejadors que cridava:

—Pengeu el Cec de la branca més alta...!

I el Cec que l'infamava:

—Cavaller de poc esforç! Vescomte caragirat...!

Quan em semblà que el meu perseguidor no podia oir-me, vaig arrencar a córrer fins a perdre l'alè pels llocs més abruptes, estrets i dificultosos que trobava. Vaig aturar-me ben esgarrinxat, les calces i la camisa estripades, una corda del llaüt trencada, a mitja pujada d'una muntanya. El bosc pujava fins al capdamunt de la muntanya, i era tan atapeït que a ple sol era tot ombra sota els arbres. Per veure on era vaig enfilar-me en un faig. Era un arbre difícil d'escalar però les branques t'amagaven del tot. Jo tenia la cara, les cames i les mans plenes de gotetes de sang, dels arços, les romegueres i les ortigues que havia travessat. No sabia pas què hi havia a l'altre cantó de la muntanya. Esperava que fos el camí del Monestir de Sant Fruitós. El camí on ens havien atrapat els mals cavallers encaputxats es veia a sota, lluny, en una clariana del bosc. Uns punts foscos, com escarabats, eren els meus amics i els seus botxins. Els seus crits es perdien per la fondària dels boscos i ressonaven contra les parets de la muntanya. Eren uns crits estranys, incomprensibles, i feien una mica de basarda perquè trencaven la immòbil soledat i la silenciosa calma d'aquells boscos. Jo sabia que cridaven per mi, per la meva causa.

El cavall del meu perseguidor era al peu mateix de la muntanya, incapaç de seguir més enllà. El genet, a terra, creient-se sol, s'havia tret la caputxa i la capa virolada i descansava amb el braç recolzat a la branca baixa d'un roure. Estava inclinat i panteixava. A la fi, reposà el cap sobre el coixí del braç. Aleshores, amb una mica d'esverament per la meva part, el vaig reconèixer.

Era l'Escarnidor d'Ocells, l'antic membre de la nostra colla, desaparegut aquell mateix matí. No hi havia dubte: el bigoti ros, la barbeta punxeguda, prim i malairós, la camisa groga, les calces carmesines, gaiades de blanc, l'espasa cenyida, i al cap un bonet de grana amb un fermall de color d'or.

Era l'Escarnidor d'Ocells, que m'havia ensenyat a distingir i a estrafer els cants de tots els ocells del país. Però, aleshores, qui ens havia avisat del perill que corríem amb el cant convingut de la puput? Era un amic o un traïdor? Un amic dóna la cara. Per què s'amagaven tots plegats sota aquelles caputxes? Recordava quan havia dit al capitost, poc abans de llançar-se darrere meu, que era estrany que jo no fos amb la colla, perquè aquell matí, en començar la caminada, jo anava amb ells. Només l'Escarnidor d'Ocells, que encara era amb nosaltres, podia assegurar aquest fet.

La sorpresa em féu passar el cansament. D'un salt vaig ser a terra, i altre cop a córrer rost amunt. No veia res i l'únic pensament que tenia era arribar al cim de la muntanya al més avit possible per veure què hi havia a l'altre cantó.

Quan vaig haver arribat al cim, el cor se'm va encongir en albirar la immensa boscúria que s'estenia a sota meu. La muntanya queia pel cantó de l'obaga, i al peu mateix començava un bosc espès que atapeïa tota una ampla vall. Al fons, lluny, s'alçaven altres muntanyes, i la silueta dels dos castells.

Vaig seure a terra, cansat. Mirava a un cantó i l'altre de la muntanya i no sabia què fer. Era la primera vegada que em trobava sol i havia de decidir. Em sabia greu deixar els meus companys en perill, fugir tot sol i no poder-los ajudar. Em feia una mica de basarda haver de travessar el bosc sense companyia. Sabria espavilar-me per arribar al Monestir de Sant Fruitós sense que em passés res? Què m'esperava?

Mentre reposava, tot rumiant la meva nova situació, vaig sentir un dolor al costat, com una ferida. Després el dolor em pujà al coll i gairebé no em deixava respirar. Era un gust aspre i raspós, com si hagués begut un got de vinagre. Vaig passar-me la mà pel pit, per sota la camisa, per veure si hi tenia alguna esgarrinxada o m'hi havia sortit algun blau, però no era res d'això. Vaig recordar que el Cec, un dia, quan jo li preguntava d'on li naixia la força d'inventar cançons i belles històries, i si jo en sabria com ell algun dia, m'havia advertit:

—Ocell, un dia, potser, una ferida misteriosa t'esberlarà el pit, per dins. És una ferida que a vegades et farà saltar d'alegria i d'altres et farà cridar de dolor. Aleshores aprendràs a convertir les rialles i els plors en belles històries i cançons.

Jo havia demanat qui em produiria aquella mena de ferida, i el Cec em contestà:

—És difícil de dir. Hi ha joglars que ja neixen ferits, però n'he conegut d'altres que han après el seu mal en ocasió d'alguna circumstància única o singular, esdevinguda en el transcurs de la seva vida: per exemple, una guerra els ha fet descobrir les paraules dures i odioses que no havien pronunciat mai, un amor els ha fet cantar tota la bellesa i alegria que sentien, una mort els ha deixat colpits...

Potser totes les explicacions del Cec eren només paraules, una història més de les que ell sabia engiponar. Però el fibló dolorós al cor i a la gola em continuaven rosegant, i em venien unes ganes rabioses de clavar cops de puny als arbres i a les pedres, i les galtes em cremaven de vergonya perquè volia plorar.

4 *En Roc Destraler*

QUAN em vaig adonar que s'acostava algú, ja no era a temps de fugir. El tenia a deu o dotze passes i semblava un pòtol o un captaire, la qual cosa em tranquil·litzà, de manera que ni em vaig moure. Havia sortit del bosc i venia cap al pedregam on jo estava assegut. Caminava lentament, amb el cap alt, i somreia. Era un home d'uns trenta o quaranta anys, d'aspecte jove i fort. S'aturà a un parell de passes davant meu i digué:

—Has perdut la colla, Ocellet?

Vaig aixecar-me d'un salt. Tenia el cos tens a punt d'arrencar a córrer. No em movia, però, perquè aquell home acabat de sortir del bosc, el seu parlar rialler, el seu caminar confiat, no m'espantaven. No vaig saber què contestar-li, i per tota resposta me'l vaig quedar mirant, com per descobrir qui era.

Era alt i ben plantat, massís, bru. La cabellera llarga i negra, cenyida al cap amb un mocador blau. Unes dents molt blanques lluïen entre el bigoti espès i la barba retallada, fosca. Portava una camisa espellingada sense color i unes calces verdes, estripades i brutes. Anava descalç, i penjat a la cintura, al costat esquerre, li queia un manyoc de cordills, ferros i ganivets. Sobre l'espatlla dreta portava una peça morada, que no vaig saber veure si era una capa o una manta.

L'home avançà mig pas. Li somreien els ulls. Jo tenia tots els músculs tibants. Ara li veia una línia roja a la cara, una

cicatriu devia ser, que anava d'un costat del front, sobre una cella, fins a la comissura dels llavis, travessant tota la galta i menjant-se-li un tros de bigoti.

L'home alçà el cap, arrodoní la boca i llançà el reclam de tres temps, baixet però potent, característic del mascle de la puput: «pu-pu-put».

Era un cant tan perfecte com el de l'Escarnidor d'Ocells. Tota la força que em mantenia test, desaparegué. Vaig mormolar:

—El cant que hem sentit al camí...

—Era jo, sí.

—Els avisos de perill...

—Sí, sí, jo mateix.

—Vós sabíeu que ens perseguien?

—Digue'm de tu, vailet. Quan sàpigues qui sóc, veuràs que no em mereixo cap tractament de respecte.

—Qui ets? Què vols de mi? Què saps?

—A poc a poc, Ocell de Foc —el desconegut esclatà en una rialla—. No tinguis por. No et vull fer cap mal. Estem en un mal lloc; ens poden veure. Segueix-me.

Vaig posar-me al seu costat.

—On anem?

—Al lloc on has deixat la colla del Cec de Cabrera.

—El Cec m'ha donat ordres d'allunyar-me d'aquell indret...

—Ja sé que el Cec vol que et refugiïs al Monestir de Sant Fruitós. Però abans vull veure com l'ha deixat aquell escamot de bèsties. Hem de saber si li han tret alguna paraula, perquè si el Cec ha deixat anar algun secret, et perseguiran fins al Monestir de Sant Fruitós i fins a l'infern, si cal.

—M'has seguit fins aquí?

—Tot el sant dia que no et trec els ulls de sobre.

—Vols deslliurar el Cec i el Cavaller Salvatge i la joglaressa Matilde? Saps que l'Escarnidor d'Ocells és un traïdor? L'Escarnidor anava amb la gent que ens ha atacat.

—Comencem pel començament, vailet.

L'home em feia baixar per un caminoi mig amagat i quan sortia un sot o una esllavissada, em donava la mà i m'ajudava a saltar-los. Ell caminava de pressa, a gambades, i jo gairebé havia de córrer per seguir-lo i escoltar el que deia.

—Tu no deus haver sentit parlar mai d'en Roc Destraler, oi?

—No...

—És clar, com que ara feia anys que no passàveu per aquests camins... La darrera vegada que vaig escoltar el Cec, a la plaça del mercat de Rocabruna, cantava la història dels cremats de Carcassona, i tu eres un nadó que la Soldadera alletava, sol·lícita. El Cec portava un gos, menjat de puces i ple de porqueria, que li feia de pigall.

Girà el cap i em mirà de fit a fit, mentre deia:

—Doncs, sí, vailet, jo sóc el famós lladre de camins, Roc Destraler, i demana a qui vulguis de la contrada i comarques veïnes si coneixen la força del meu puny esquerre o la lleugeresa dels meus dits i la rapidesa dels meus peus.

En Roc Destraler alçava, orgullós, el braç esquerre i inflava els bíceps.

—Has dit que no m'has tret els ulls de sobre en tot el dia. Per què em seguies?

L'home saltava una roca i no es girà per contestar-me. Jo em vaig quedar aturat sobre la roca i vaig cridar:

—I si ara no volgués venir amb tu, si em negués a seguir-te, què em faries?

En Roc es quedà davant clavat a terra, quiet. Deixà passar un moment, i en veure que jo no deia res més ni em movia, es girà, pujà d'una embranzida al cim de la roca i em clavà la mà esquerra al coll, com una argolla. Tenia els ulls petits i la veu mal assaonada. Digué:

—Aligot! No siguis ocellot de mal averany! Esparver! Cogullada! Caganiu!

Jo me'l mirava amb els ulls ben oberts, decidit a provar quina mena d'home era aquell i fins a quin punt es deixava portar per la ira o era un guia serè i entenimentat. També volia saber més coses dels esdeveniments que des d'aquell matí no paraven de presentar-se.

En Roc Destraler afluixà la grapa i compongué la veu:

—Escolta bé, ocell de tempesta! Tu vindràs amb mi, perquè no pots anar sol per aquests mons de Déu...

—Vull anar al Monestir de Sant Fruitós!

—T'hi portaré després que hàgim vist què els ha passat al Cec de Cabrera i a la colla.

—Qui m'assegura que em dius la veritat?

—T'ho asseguro jo, i ja n'hi ha prou! Si volgués fer-te mal, qui me'n privaria?

—Explica'm, doncs: per què ens seguies sense dir res i sense deixar-te veure?

En Roc Destraler em posà les mans a les espatlles i m'obligà a seure sobre la roca. Ell s'assegué al meu costat. Tenia la veu riallera i franca d'una estona abans, ara.

—Jo sóc un lladre de bona jeia, però si m'enrabio i em puja la sang al cap, no sé el que em pesco. Vés amb compte, doncs, de no fer-me cap mala passada. Us he seguit des del dia que vau deixar, tu i la colla del Cec, el Castell de Peguera, perquè vaig saber que el vescomte et volia raptar...

—A mi...? I per què no m'agafava quan em tenia a casa seva?

—No podia trencar les lleis de l'hospitalitat ni les de cavalleria. Al seu castell, tots els súbdits el tenen per un noble cavaller. A més, els de la colla et protegien. El Cavaller Salvatge té la força d'un parell de braus. El regal del gipó va ser una excusa per després dir que uns bandolers us havien robat i se t'havien endut a tu...

—I l'Escarnidor d'Ocells...?

—El vescomte de Peguera el va comprar perquè passés al seu servei. Per això us van deixar sortir del castell amb tranquil·litat; el vescomte ja tenia qui us vigilava i li transmetia el camí que fèieu.

—Com li ho transmetia?

—Totes aquestes terres, fins que arribem a les envistes

dels dos castells, són propietat del vescomte de Peguera, i tots els pagesos que trobem són els seus vassalls. L'Escarnidor d'Ocells podia enviar qualsevol pagès al castell amb les notícies del lloc on éreu i de què pensàveu fer.

—Eres al Castell de Peguera, tu? Què hi feies? Jo no t'hi vaig veure... Que no et persegueix, el vescomte?

—Tinc amics a tot arreu, sobretot a la cuina i a les cambres del castell. Els criats fiquen el nas pertot i jo els premio les bones notícies. No calia que jo fos al castell per conèixer tot el que passava. Vols saber per què m'he posat a fer de lladre, jo?

5 *Història del lladre*

EN ROC DESTRALER es deslligà el mocador blau que portava al cap i un embull de cabells li caigué sobre les espatlles i li tapà el rostre. La cicatriu li lluïa enmig de la cara, sota la cortina de cabells, com una sargantana vermella. El lladre, amb una mà es tirava els cabells cap enrere, i amb l'altra plegava el mocador.

—Quan menjarem? —vaig demanar—. Tots els budells em ronquen. No m'hi veig de gana.

En Roc Destraler havia convertit el mocador en una mena de cinta ampla i curta, i se'l lligà al cap, nuant-lo pel darrere. Els cabells negres quedaren subjectes, i només alguns rínxols se li escapaven a banda i banda.

—Així que sapiguem què n'han fet, del Cec de Cabrera, anirem a consultar amb el meu amic Rasclet, un bruixot que viu bosc endins, en una cabana. En Rasclet ens revifarà. Ell té la cova plena d'herbes màgiques i sap preparar uns tecs que no sé d'on els treu. No t'amoïnis. Aguanta una estona més.

En Roc Destraler començà a explicar-me la seva història. Resulta que el seu pare havia estat criat del comte de Peguera. Quan en Roc era un infant, vivia al castell, on havia nascut, amb la seva mare, que treballava a la cuina del vescomte, i el seu pare, que era l'encarregat dels estables, un oficial de la cavallerissa a les ordres del palafrener major. Vivien a l'establa tots plegats, gairebé enmig dels animals, en un racó del fons de tot que la mare procurava netejar i embellir amb flors i munts de palla neta. Els altres dependents que tenien cura de la cavallerissa eren soldats vells i baldats o bé noiets sense família que somiaven esdevenir escuders d'algun alt personatge dels que visitaven el castell. Aquests dependents eren com gossos perduts, dormien a la serena o al mateix jaç de les bèsties, i menjaven la sopa dels pobres que repartia la vescomtessa a la porta del palau cada dia a toc d'oració.

—Nosaltres menjàvem el sobrer de la taula del comte que la mare ens portava a la nit, amagat entre els plecs de l'ampla faldilla.

»El vescomte era com ara és i encara amb més força, gasiu, envejós i geniüt, però nosaltres vivíem tranquils, ens semblava que érem la família més feliç del món i que cap mal no podia arribar a la nostra llar, al fons de l'establa, amb les flors margeneres i la palla fresca.

El pare d'en Roc estimava el seu ofici. Coneixia tots els cavalls, la seva edat, el seu humor, els seus defectes, els seus gustos, i encara diré que coneixia quin cavall era el que arribava a la quadra només pel seu trot, sense sortir a veure'l. Els cavalls, pel seu cantó, estimaven el cavallerís i li ho demostraven obeint humilment les seves ordres, vinclant suaument l'esquena quan els netejava, inclinant la testa fins a terra quan els amonestava... Havia trobat un remei per als cavalls que arribaven coixos, amb una espina clavada a la pota: bullia una perola d'aigua d'herbes recomanades per en Rasclet, ficava la pota ferida a la perola una bona estona fins que la carn s'havia ben estovat, i lentament sortia l'espina o el resquill... Als cavalls vells que ja no aguantaven ningú, ni servien per a torneigs, justes o caceres i es quedaven tot el dia a la quadra, el pare d'en Roc els passava rams d'herbes i branques verdes pel davant dels ulls, com si el món es posés a trotar al seu entorn, i els cavalls s'alegraven i es revifaven, com si els tornés la vigoria... Les eugues amb un poltre al ventre, les alimentava amb fulles de julivert i de menta perquè els fills sortissin forts i perfumats...

Un dia el duc de Rocabruna, per segellar un pacte d'amistad amb el vescomte, després d'anys i panys d'odi de veïns i de lluites miserables, li regalà un poltre negre, tot negre, fi com una seda, que encara ningú no havia cavalcat mai. El vescomte muntà el cavall barroerament, a pèl, i la bèstia, que no sabia què era el pes d'una sella, el tirà de cap a terra d'un sol moviment de gropa.

El vescomte, ultratjat, fueteja el pobre rebel fins a deixar-li l'esquena acanalada de sang. Des d'aquest primer contacte, el poltre i el vescomte s'odiaren a mort. Només ensumar l'olor del cavaller, el poltre es posava a saltar i a tirar guitzes. El vescomte no aconseguí de muntar el cavall més de dos minuts seguits. I el cavaller venjatiu malmetia l'animal a cops d'esperó i a bastonades. El vescomte havia promès que ell domaria el poltre, o el mataria a garrotades.

—La pobra bèstia arribava cada dia a la quadra plena de sang. Entre el pare i jo la curàvem. Era un animal noble, que no cediria a la força. I el vescomte era massa rebec per canviar el tracte. A la nit, quan ningú no ens veia, un cop el poltre curat i reposat, el pare i jo el muntàvem, per torns, i ens passejàvem, com a reis, per tota la quadra. Algun dels dependents de l'establa, que devia sorprendre les nostres passejades, amatent per fer mèrits, va explicar al vescomte la dòcil conducta del poltre rebel amb nosaltres. El vescomte es va inflamar de ràbia. No podia sofrir que uns altres aconseguissin el que ell no havia sabut portar a terme. La conducta del poltre era un insult groller, un afront que no podia passar per alt. El vescomte va decidir alliçonar públicament el poltre rebel i el criat manyós amb un càstig exemplar. El pare va ser engabiat en una caixa amb barrots de fusta i penjat a les muralles dels castell, a sol i serena, sense menjar ni beure, i s'hi quedaria fins que al vescomte li hagués passat el rau-rau. El poltre rebel seria lligat amb cordes tibants, el cap i les quatre potes, cada membre unit a una estaca de ferro clavada a terra, al mig de la plaça d'armes. El poltre portaria una sella de ferro, d'un pes mortal, lligada amb una cingla de cuiro ben estreta, i tots els soldats i els criats i els infants podrien pujar-hi a cavall sense por que el rebel fes cap moviment per desempallegar-se'n. I tothom podria cridar-li «arri!, arri!» en to burleta i pegar-li tant com volgués, perquè no tirava endavant.

»Aleshores jo vaig decidir de fugir amb el poltre, abans que els esbirros del vescomte li posessin les mans al damunt. Aniria a la muntanya i em faria bandit i quan tingués molts diners robats i molta força tornaria a deslliurar el meu pare de la gàbia vergonyosa. O bé aniria al castell veí de Rocabruna i explicaria al seu duc, antic enemic del meu amo, com el vescomte tractava el seu regal, com es befava del seu pacte d'amistat. El duc de Rocabruna, tan tocat i posat, tan cerimoniós i ple de geni, s'enfurismaria en veure el poltre maltractat i m'ajudaria a deslliurar el meu pare. Aquesta segona solució em semblava la més adient i sense encomanarme a Déu ni al diable, vaig agafar el poltre, vaig saltar-li al damunt, i vam sortir del castell a galop tirat. La bèstia, que devia ensumar el perill, es va dirigir al Castell de Rocabruna com esperitada. Els dependents de la quadra, els soldats del pati i els sentinelles de les muralles gairebé no van tenir temps de veure'ns passar.

»El duc de Rocabruna, però, no em va ajudar gens ni mica. És un home tan primfilat que té deu o dotze dotzenes de criats, cancellers, secretaris, capitans de guàrdia i escortes personals a qui s'han de dir les coses abans d'arribar a la seva persona. El seu castell és com un laberint on no es troba mai el centre on viu el duc, sol com una òliba, sense família. Et perds pels corredors, les galeries, les cambres i avantcambres, i els servidors se't passen de l'un a l'altre sense que et diguin mai res ben clar. En resum, en arribar al Castell de Rocabruna se'm van quedar el poltre i a mi em van foragitar al carrer, amb bones paraules. Sort d'en Rasclet, el bruixot, que em va trobar mig mort de fam, perdut pel bosc, i em va arreplegar. Vaig passar una temporada a la seva cabana. En Rasclet m'ensenyava l'ofici de triar les herbes remeieres i llegir la sort a les estrelles i a les entranyes dels animals, però jo volia tornar al Castell de Peguera per deslliurar el meu pare i venjar-lo, si podia. En va en Rasclet em demanava que no em mogués, que segurament ja era massa tard per ajudar el meu pare, i que jo mai no podria abaixar per força l'orgull i la sobergueria del vescomte bandoler. Jo m'escapava sempre per arribar a les envistes del castell i entrar-hi disfressat de carboner, o de tofonaire, amb algun grup de traginers o una colla de joglars com éreu vosaltres. Després tornava a la cabana d'en Rasclet i esperava que el temps fes de mi un home.

»Així vaig saber que el pare havia mort, corsecat a la gàbia, i que la mare havia passat al servei personal de la vescomtessa. D'aquesta manera la senyora del castell l'havia salvada de les ires del seu marit, que no volia deixar ningú sense càstig. Els soldats del castell em van buscar dies seguits pel bosc, i el vescomte es va enemistar altre cop amb el duc de Rocabruna, perquè ara tots dos consideraven el poltre negre com a propietat seva, i l'un es queixava perquè no l'hi tornava i l'altre perquè li havia menyspreat i fet malbé un regal tan esplèndid. El vescomte va arribar a prometre una bona recompensa a qui em tornaria al castell; viu o mort. Però, sigui perquè ja ningú no feia cas de les promeses del vescomte, per culpa del seu escamot d'encaputxats, que robaven les recompenses per retornar-les a la caixa del castell, sigui perquè jo em sabia escórrer dels dits dels meus perseguidors, el cas és que, per sort, no em va enxampar mai.

»Vaig poder veure algun cop la mare d'amagat, i ella es va alegrar moltíssim de saber que en Rasclet, el bruixot, em protegia. La mare, que ara era sempre a prop de la vescomtessa perquè s'encarregava de la neteja de les seves cambres, em va fer saber que el vescomte era un enemic jurat del nostre rei, l'infant En Jaume, i que esperava l'arribada d'un colom de sang per començar la lluita contra els partidaris del pobre rei desvalgut.

6 *El colom de sang*

—UN COLOM de sang? —vaig repetir jo, estranyat.

En Roc Destraler s'alçà i mentre parlava es posà la mà al front, fent de visera, per albirar el tros de camí on ens havien atrapat els encaputxats del vescomte bandoler.

—No veig res —digué—. Però em sembla que ha passat prou temps perquè ens hi puguem apropar sense por. Anem!

Vaig posar-me al seu costat i reprenguérem la marxa. El camí era més obert i més pla i els arbres, al costat, eren més copats i revinguts, sobretot els roures.

—Un colom de sang? —vaig tornar a dir jo per lligar el fil trencat de la narració del lladre.

—Sí, un colom de sang, així em va assegurar la mare que ho havia entès i així ha arribat fa pocs dies al castell: un colom amb el coll pintat de sang, com un collaret de coral·lina. A mi també em va sorprendre quan la mare m'ho va dir, però ara ho veig clar: volia dir que esperaven un colom missatger amb un senyal vermell al coll. I en la taca de sang consistia, precisament, el missatge.

—Quin missatge?

—Que era el moment de començar l'atac contra els amics del rei infant.

—Jo sé molt poca cosa del que ara li passa al nostre rei En Jaume. El Cec de Cabrera me'n parlava molt poc. I això que deia que la nostra missió era cantar les seves lloances i preparar el país perquè el recordés i l'esperés fins que tingués l'edat per fer-se càrrec del poder.

—Quines lloances cantàveu?

—La història de la desfeta de Muret enfront dels francesos, la batalla on va caure mort el rei Pere a trenta-sis anys, per la seva imprudència, quan el seu fill En Jaume era un infant de cinc anys...

Jo vaig començar a cantar els primers versos del romanç que diuen:

Rei En Pere, rei En Pere!,
heu passat la nit bevent...

Però la veu se'm trencà, perquè estava cansat, tenia gana i, a més, no estava acostumat a cantar sense música i sense la presència del Cec de Cabrera, que em guiava.

—Què més? —féu en Roc Destraler.

—La història de l'orfandat de l'infant En Jaume, que conta com la seva mare, Maria de Montpeller, havia mort a Roma poc temps abans que el rei espòs, Pere el Catòlic, i havia deixat el seu fill sota la guarda del sant pare Innocenci III; com l'infant passà a mans de Simó de Montfort, el francès vencedor de Muret i amic del papa, i com Simó de Montfort va lliurar, ordenat pel sant pare, als barons catalans que havien acudit a Narbona, el seu petit sobirà; com el joveníssim rei, a la cort de Lleida, va ser jurat per representants catalans i aragonesos, i ara el vell comte Sanç governa els regnes, assistit d'un consell de personatges catalans i aragonesos, nomenats pel papa, com a procurador fins a la major edat del rei; com el petit En Jaume és ara a Montsó, juntament amb un altre infant, Ramon Berenguer de Provença, sota la cura dels templers, uns monjos que també fan de soldats...

—Para, para...! Ja n'hi ha prou! —rigué en Roc Destraler—. I deies que sabies poca cosa del rei En Jaume?

—Hi ha un munt de coses que desconec i de les quals el Cec de Cabrera no em va començar a parlar fins poc abans que el vescomte bandoler caigués sobre nosaltres. Per exemple: per què lluitaven a Muret el rei Pere contra els francesos de Simó de Montfort? Per què molts nobles que haurien de mostrar-se lleials es mostren indisciplinats i contraris al rei infant i al procurador, el comte Sanç? Diu que alguns barons han intentat de segrestar el petit Jaume de la residència dels templers, a Montsó...

—És veritat que els senyors es mostren més turbulents que mai...

—I més coses encara... Què va passar a Carcassona, que els francesos van assassinar el vescomte Ramon Roger Trencavel i el trobador Aicart, i van perseguir els fills d'aquests dos personatges? Què vol dir portar un vestit amb dues creus de diferent color a cada costat? I el suplici del foc...?

—No en sé res, de tot això. Jo, pobre de mi!, només sé fer anar ben lleugers els dits i les cames... Però quan arribis al Monestir de Sant Fruitós, aquells benedictins, que són un pou de ciència, t'ho aclariran tot. No t'hi capfiquis..., aviat ho sabràs.

—I ara el colom de sang...

—Això sí que ho sé! I també recordo que els dies de les meves primeres sortides, ja fa uns quants anys, vaig escoltar el Cec de Cabrera a la plaça del mercat de Rocabruna i explicava la història dels cremats de Carcassona...

—I la Soldadera portava un infant molt petit... que potser era jo.

—Exacte, potser eres tu. Guiava el Cec un gossot fastigós i escanyolit...

—I com puc saber jo qui són els meus pares i quin és el meu nom?

—El colom de sang pot ser el primer pas que et porti la solució.

—Què vols dir?

—Que el vescomte bandoler i la seva colla es van llançar a la teva persecució moguts per l'arribada del colom.

—El colom, has dit abans, significava el principi d'una lluita contra els amics del rei En Jaume.

—Així m'ho van contar i així ho crec. Però el fet és que el primer amic de l'infant que han volgut capturar has estat tu.

—...Jo!

—Sí, tu. Els encaputxats venien per tu. I quan el vescomte va comprar l'Escarnidor d'Ocells, el va comprar per tenir algú al teu costat, per assegurar-se que no t'allunyaries del castell.

—Però jo no sé res de res... Quin interès pot tenir el vescomte a segrestar-me?

—Algun en deu tenir quan ha mostrat tant d'afany a capturar-te.

—I tu, quin interès tens a no deixar-me sol? Encara no m'has dit per què em seguies. Vols robar-me?

—Ja has vist que no. El vescomte s'ha encarregat prou bé de plomar-vos. Ja no trobaria res, jo. No hi pateixis, que no et tocaré ni un pèl.

—Explica'm, doncs, què vols de mi. Sols així podrem ser amics de veritat.

Arribàvem a la clariana del bosc on una estona abans ens havien atrapat els cavallers encaputxats i ens vam aturar. No es veia ningú ni se sentien veus.

—T'ho diré d'una maleïda vegada, mussol menut! —féu en Roc Destraler, esbullant-me els cabells amb la seva mà esquerra, aspra—. Ja t'he dit que sóc un bon lladre i no et vull cap mal. Sí, no em miris amb ulls desconfiats, Ocell de Foc! Mallerenga fosca! Pioc salvatge! Repicatalons...!

—Digues..., afanya't...

—No sé como dir-ho...

—Digue-ho com vulguis!

—Hi ha una altra notícia a més de l'arribada del colom de sang, que fa que tots correm al teu darrere.

—Què més hi ha?

—L'abat del Monestir de Sant Fruitós ha ofert una bona recompensa a qui et trobi i et porti al monestir...

—No ho entenc.

—Comprens l'interès que tothom et mostra? Hauràs de canviar de nom si vols caminar tranquil.

—I tu...?

—Jo vull la recompensa, com la deuen voler tants d'altres que a hores d'ara et cerquen per Catalunya i Provença.

—I el vescomte bandoler?

—El vescomte et vol a tu.

—Vescomte maleït! Fa el doble joc, el caragirat...!

—Primer van arribar al Castell de Peguera les notícies que deien que els monjos de Sant Fruitós cercaven un joglaret de la colla del Cec de Cabrera anomenat Ocell de Foc... I pocs dies després va arribar el colom de sang. Ja veus si ets preciós, que et cerquen els amics i els enemics del rei!

—Sense que jo en sàpiga la causa.

—Ara comprendràs per què el vescomte no et va prendre quan et tenia a les seves mans, al castell. Si t'hagués agafat davant de tothom, t'hauria hagut de portar al monestir, com demana el pare abat. Perquè poques persones coneixen la doble personalitat del vescomte de Peguera. Molts el creuen fidel i favorable al rei infant, guardat a Montsó. Gairebé ningú no coneix la seva activitat de bandoler. D'aquesta manera, fent veure que t'havien pres uns bandolers, et tenia a la seva disposició i no havia d'entregar-te als monjos, amics del rei En Jaume.

—Però... per què tot aquest enrenou? Per què?

—No ho sé! Només sé que vals molts esforços i moltes recompenses. Per això vull acompanyar-te fins al Monestir de Sant Fruitós, per saber de què va tot aquest embolic i perquè els frares em recompensaran millor que el vescomte de Peguera, al qual, ben mirat, no puc acostar-me sense que perilli la meva pell.

En Roc Destraler esclatà de riure de la manera forta i clara amb què solia fer-ho.

—Repicatalons! —esclafí—. Ja ho saps tot, Ocell de Foc! T'he ben buidat el pap! No hi ha secrets entre tu i jo?

—En canvi jo no et puc aclarir res perquè no sé ben res de mi —vaig dir, somrient.

—Ja ho aclarirem, ja ho aclarirem —les darreres rialles eren més espaiades i més fluixes.

Ens encaminàvem, entre els arbres, al camí clar on havíem deixat la colla del Cec de Cabrera, rodejats pels cavallers encaputxats.

—Veus alguna cosa? —em xiuxiuejà en Roc.

—Un embalum negre al costat del camí...

—Ajup-te! No et moguis!

—No es veu ningú més...

En Roc Destraler em portà al darrere d'una mata de boix per amagar-me, mentre ell s'acostava a la clariana. Estigué una estona examinant el terra, cercà entre els arbres de les vores del camí, s'enfilà a un pi per albirar més lluny... Quan tornà digué, amb veu preocupada:

—L'embalum negre és l'ós mort...

—Pobra bèstia!

—S'han emportat la colla al castell o a algun amagatall de les vores del castell. Les petjades no segueixen camí.

—Podríem seguir-les?

—Fóra perillós. Ells són molts i més forts.

—No farem res per ajudar el Cec i la colla?

—Ja veurem què s'hi pot fer. De moment anirem a la cabana d'en Rasclet i menjarem una mica, què te'n sembla?

Jo sentia altre cop la ferida al pit, igual que si s'hagués obert i sagnés com a protesta perquè giràvem l'esquena a la sort dels meus amics. Però no vaig dir res, perquè m'estava decandint de fam.

7 *El Cavall Florit*

LA CABANA del bruixot era feta de troncs, de gleves i de lloses, i la teulada era de feixos de bruc i de lloses petites. Estava arrecerada sota una balma, a l'indret més humit i fosc del bosc, apartada del camí i no gaire lluny dels dos castells.

Vam arribar-hi mig baldats, ben entrada la tarda. En Rasclet, un cop aclarit qui era jo i on anava, ens tractà a cos de rei. Amb poques empentes ens tingué preparada una taula de pa negre, formatge de cabra, figues seques, mel de romaní, un bon vi ranci i un tros de capó rostit.

—Passareu la nit aquí —digué en Rasclet, que feia una veu prima i esfilagarsada, com la d'un noi esporuguit—. Fins al Monestir de Sant Fruitós, hi teniu un parell de diades de camí.

En Roc Destraler tancà els ulls, com si pensés la resposta. Jo em mirava el sostre de la cabana, ple d'ocellots morts i penjats a assecar, sobretot mussols i ratapinyades, i desitjava que en Roc digués que no, que marxaríem tot seguit, que no podíem perdre ni un minut més. Les parets eren plenes de pells d'animals, i en el racó oposat al lloc on hi havia el foc i les olles, hi havia una taula de fusta plena de pots.

En Roc Destraler, que estava pensarós, obrí els ulls i digué:

—Em sembla que el millor que podem fer és marxar avui mateix, cap al vespre, i caminar tota la nit. Passarem a prop dels dos castells a les fosques i ningú no ens veurà. Penseu,

Rasclet, que tothom va al darrere del nostre amic l'Ocell de Foc i hem de ser prudents. El colom amb el missatge i la promesa d'una bona recompensa deuen haver arribat a tots els castells. D'aquesta manera, si marxem cap al tard, esquivarem els perseguidors i arribarem al monestir demà a la tarda, al més tard.

—Això si no us atureu a descansar. Però, on menjareu? Jo pensava preparar-vos un sarró amb algun mos per al camí.

—Us ho agrairem molt, Rasclet; amb una mica de pa i olives ja farem. I també us agraïm molt el tec que ens hem cruspit, eh, vailet?

En Roc em clavà una manotada amical a l'espatlla, i jo vaig repetir:

—Sí, sí... Us ho agraïm molt, tot...

En Rasclet era un homenet de poca alçària, semblava un nan. Tenia la cara de fura, de color torrat pel sol, amb una llúpia al front, el nas punxegut, els ulls petits i mòbils, de rata, la barbeta amb quatre pèls blancs, llargs i febles, de cabra, i la boca desdentegada. Portava un vestit llarg fins als peus, com un frare, tan apedaçat que no es distingia el teixit original dels pedaços afegits.

—Sabeu què penso? —ens va dir el bruixot, asseient-se al costat d'en Roc, després d'haver endreçat les sobres del menjar en una caixa, prop del foc a terra.

En Rasclet deixà un moment de silenci i després, quan tots dos el miràvem intrigats, continuà amb la seva veueta de nyicris:

—Penso que si marxeu a la nit, tots sols, us podeu perdre. La lluna no brilla gens, aquests dies, i el bosc és traïdor.

—Conec els camins pam a pam...

—Ja ho sé, Roc, que ets un animal de bosc...

—...i de nit, un animal nocturn...

—Bé, però una cosa és anar sol i una altra portar un ròssec.

En Rasclet es dirigí a mi per explicar-m'ho:

—Ep! No vull pas dir que siguis una nosa. Vull dir que,

amb tota aquesta gent que et busca, no caminareu gaire tranquils.

I després, mirant el lladre, preguntà:

—Què fareu si el duc de Rocabruna ha posat vigilants als llocs més impensats i us en topeu algun? I qui us diu que el vescomte de Peguera no corre també amb els seus encaputxats per aquests boscos? I en els barons de Rocablanca, que no hi penseu?

—Més perill hi ha de dia, que no a les fosques...

—És que jo he pensat una manera mitjançant la qual podreu fer el camí sense que ningú repari en vosaltres.

—Algun encanteri?

En Rasclet girà el cap, enfadat de la pregunta d'en Roc.

—Fuig, ximple! Sembla mentida que hagis treballat amb mi tant de temps! No has après ben res. Penses com el comú de la gent, que la meva feina és un art diabòlic i que us puc tornar invisibles en un tres i no res, amb quatre gotes de menta que begueu i una ruixada d'aigua de farigola a la cara.

—No us enfadeu! No volia menysprear la vostra ciència.

—Ignorants! No hi ha més encanteris que els nostres somnis i els nostres desitjos. Jo estudio les propietats de les plantes i dels animals i utilitzo aquests coneixements per curar ferides, distreure'm una mica i riure'm dels poderosos. Em diuen bruixot i els faig por perquè són uns covards que temen el que no coneixen i odien qui no fa el que fa tothom.

—Expliqueu-nos el vostre pla.

—És ben senzill. Aquest vespre passaran a prop d'aquí una colla de pelegrins que van cap a l'ermita del Cavall Florit. Demà, a trenc d'alba, comença la festa a l'ermita, com cada any des de la tornada del Cavall Florit: hi haurà festa grossa i el punt més fort de la festa consisteix en el concurs de joglars. Vosaltres us podríeu disfressar i unir-vos al grup de pelegrins. Tots els camins que porten a l'ermita, de tots cantons, a hores d'ara ja es deuen començar a veure plens de pelegrins i de joglars novells. Un noi amb un llaüt no sorprendrà ningú si va amb una colla i acudeix a l'ermita com si anés a participar al concurs, mentre que si va sol o amb tu, Roc, que et coneix tothom i tens la cara marcada, i a sobre porta un llaüt, no podrà ni arribar a les envistes dels dos castells, perquè el primer beneit que trobi sabrà que és el joglaret que cerquen els senyors del país.

—Tens raó...

—Què és, el Cavall Florit? —vaig demanar jo.

—És un cavall vell i malalt que va venir a refugiar-se a l'ermita de Santa Maria, que per això ara en diuen Santa Maria del Cavall Florit, no fa pas gaires anys, de retorn d'una batalla on va morir el seu cavaller. Diuen que la batalla era la de Muret i l'amo del cavall era el rei Pere, d'aquí la veneració que la gent li porta.

—I el nom, d'on li ve?

—Muret és un castell, prop de Tolosa, al Llenguadoc, al sud de França, a tres quilòmetres del qual, prop del riu Garona, va tenir lloc la batalla del nostre rei i els seus homes, que havien anat a ajudar el seu amic i vassall el comte de Tolosa contra els francesos del nord, manats pel seu cabdill Simó de Montfort.

—Per què lluitaven?

En Rasclet va enfadar-se.

—No m'interrompis! Lluitaven per foragitar els invasors del nord...

—I per què Simó de Montfort envaïa les terres del comte de Tolosa?

—Calla, si et plau, i deixa parlar!

En Roc Destraler escoltava, somrient. El bruixot continuà:

—El rei Pere va acudir a ajudar el comte de Tolosa, vassall seu, contra Simó de Montfort i la seva gent del nord. El rei Pere era un príncep jovenívol, galant, arrauxat, i acabava de cobrir-se de glòria lluitant contra els moros del sud d'Espanya, a Las Navas. Tu no saps una cançó que cantaven els joglars...?

—Em penso que no. Com fa?

En Rasclet mirà el lladre i va dir:

—Què decidiu?

—Decidim fer el que vós heu pensat. Ens disfressarem de pelegrins i farem veure que anem a l'ermita.

—Així, doncs, encara ens queda una estona. Voleu reposar o continuem parlant?

—Com fa la cançó que dieu? És una que comença: «Rei En Pere, rei En Pere!, heu passat la nit bevent...»?

—Ja veieu —rigué en Roc— que no ens queda altre remei que continuar la conversa.

En Rasclet entonà la cançó, amb veu fina i trista:

El rei En Pere fa una crida,
una crida pel país:
Qui vulgui venir que vingui
a combatre l'enemic.
Anirem tots a Tolosa,
terra dels nostres amics,
terra franca, terra noble,
a salvar-la dels perills.
Gent del nord l'ha destruïda
i la devasta amb grans crits:
que el bon comte de Tolosa
és dolent com negra nit.
Acudim tots a Tolosa,
cavallers els més ardits,
i vençuts els mals francesos
viurem feliços i units.

El bruixot estossegà una mica i continuà:

—El rei Pere, a Barcelona, va formar un exèrcit de mil cavallers. Els millors guerrers d'Aragó i de Catalunya van participar a la campanya. El 12 de setembre de 1213 es va lliurar batalla a l'enemic. Els cavallers de Simó de Montfort eren nou-cents i els nostres, junt amb els occitans, dos mil. I parlem només de cavallers, no ens fixem en els soldats que anaven a peu, ara. El rei hauria pogut guanyar si hagués escoltat els consells del comte de Tolosa, però el rei va voler un combat a camp obert i els francesos, més ràpids, van caure sobre els nostres. Un que va contemplar la lluita deia que era com un bosc d'arbres abatuts a cops de destral. A la punta de la nostra avantguarda, hi anava el rei. Dos cavallers francesos havien jurat que matarien el rei Pere o moririen ells. I el rei Pere, que volia combatre com un simple cavaller, havia canviat la seva armadura per la d'un dels seus acompanyants. Per això, quan un dels dos cavallers francesos es va acostar al qui portava l'armadura reial i el va abatre d'un primer cop de maça al cap, va cridar: «Aquest no és el rei! El rei és millor cavaller!», perquè tothom coneixia la seva fama de forçut i valent; el rei Pere va acudir a socórrer el seu company, cridant: «Jo sóc el rei!» Aleshores, els francesos el van envoltar i van començar un combat tan aferrissat que va morir el rei, i tota la seva host va morir amb ell, perquè ni un no va voler abandonar el seu cos nu, sagnant i miserable.

En Rasclet mirà el foc a terra, gairebé apagat.

—Voleu que el revifi? —demanà en Roc, amatent.

—No val la pena. Aquesta nit no el necessitaré perquè penso que val més que us acompanyi fins a l'ermita.

—Continueu —jo demanava—. Què més?

—Encara ens queda una mica de temps —féu en Roc.

I en Rasclet continuà:

—L'exèrcit del comte de Tolosa fuig, i els soldats que anaven a peu s'ofeguen en passar el riu Garona. Entre els negats i els que van morir a la batalla, compten de quinze a vint mil soldats d'infanteria. Els catalans i aragonesos repassen les muntanyes. Els comtes occitans tornen a les seves terres o es refugien als països veïns. Simó de Montfort i els seus croats comencen a conquistar terres del comte de Tolosa. La conquesta encara dura.

—I el Cavall Florit?

—Ah, sí! És veritat. La batalla acabada, Simó de Montfort va fer cercar el cos del rei, que els croats francesos troben i reconeixen amb penes i treballs. Davant del cos reial, el ferreny Simó de Montfort no va poder retenir les llàgrimes i després d'haver-li retut un darrer homenatge per la seva generositat i la seva galania, es descalça, abandona als pobres el seu cavall i les seves armes, i s'encamina peus nus a l'església de Muret a regraciar Déu per la victòria.

—Aquest cavall que Simó de Montfort va deixar als pobres és el Cavall Florit?

—No corris! Sembla que els pobres es van quedar tots els cavalls que van poder arreplegar. I els occitans, que havien esperat el nostre rei Pere el Catòlic com un llibertador, i se l'estimaven molt, a fi de contrarestar els efectes de l'acció piadosa del cabdill dels seus invasors, van escampar que el cavall del rei s'havia escapat, després de la mort del seu amo, per tornar a morir a la seva terra.

—Els criats del rei què hi diuen? Reconeixen el cavall?

—Com que el rei va canviar d'armadura abans del combat, ningú no sap exactament quin cavall portava. El fet és que un dia, mesos després de la mort del rei, va aparèixer per aquests indrets un cavall errant i coix...

—Coix?

—Sí. Portava una pota del darrere ferida, que només fregava a terra per la punta del casc i encara amb molta delicadesa. Tot ell anava fet un sant llàtzer, imagineu-vos! Uns pagesos que el van voler arreplegar i curar, es van adonar del prodigi: un esqueix molt petit d'arç se li havia clavat al peu, al costat de l'unglot brut de terra i de fems, i el plançó s'havia arrelat i creixia cap al costat, com un esperó verd de minúscules flors vermelles.

—No havia sentit mai una cosa semblant!

—Ningú no havia vist abans un cas tan singular. Per això els pagesos i tota la gent de la contrada, amb permís dels senyors, considerant que el Cavall Florit devia portar algun senyal misteriós, no van gosar tocar-lo i el van deixar lliure, però no sabent d'on venia ni qui era el seu amo. La bona gent va netejar i alimentar el cavall amb tot el respecte, però no van tocar per res la pota florida, que consideraven com un miracle. El cavall va tornar als camins i sense que ningú el guiés, ben lliure, es va encaminar a l'ermita de Santa Maria, en un turó que fa el bosc, a mig camí del Castell de Rocablanca al Castell de Rocabruna.

—L'ermita on demà se celebra la festa?

—La mateixa. L'ermità, un home vell mig baldat, el va acollir com si fos un enviat del cel. I no anava pas errat, el vell ermità, perquè la notícia de l'arribada del Cavall Florit es va escampar per tota la comarca i per les comarques veïnes i més enllà i tot, i van començar a acudir-hi pelegrins i curiosos a veure la meravella, i per a l'ermità això va ser com tornar de mort a vida, un veritable regal del cel. Un joglar de l'altra banda dels Pirineus va portar la nova que a Provença cantaven com el cavall del rei Pere s'havia escapat després de la batalla de Muret, i com al peu que havia tocat la sang del rei moribund, hi floriria una flor vermella. Aleshores la riuada de pelegrins ja no es va poder contenir. De tots cantons sortien caminants que venien a plorar la desfeta de Muret davant del Cavall Florit. El duc de Rocabruna i els seus homes van assegurar la pau dels camins i la tranquil·litat dels pelegrins.

—I la meva desgràcia! —rigué en Roc Destraler, que fins en aquest moment havia estat mig endormiscat sobre la taula.

—Calla, tu! —li ordenà en Rasclet—, que si bé és veritat que el duc de Rocabruna, per l'obligació que hi té, donat que l'ermita és en terra que li pertany, s'ha convertit en vigilant dels camins i protector dels vianants, també és cert que la gentada que acudeix a venerar el Cavall Florit ha multiplicat les ocasions de viure a costa de les suades dels altres, per la gentota que com tu viviu amb l'esquena dreta.

—Ep! —protestà el lladre—. Jo no visc amb l'esquena dreta, que bons tips de córrer em costa cada peça que rapinyo! I si no tinc altre ofici no és pas culpa meva, que jo prou que volia arribar a ser el millor cavallerís del món!

—Si haguessis volgut aprendre les meves arts...! —féu el bruixot amb recança.

—Ja sabeu que no m'agrada traficar en herbes i sucs i potingues... I el que menys m'agradava era que el vostre ofici és tan perillós com el meu, o més perillós i tot és, perquè ja sabeu com a vegades la gent, o els senyors, o els monjos, o tots plegats, han cremat algun dels vostres confrares, pensant que tenia tractes amb el diable i fabricava ungüents infernals...

—Aquests confrares que tu dius —respongué el bruixot—, moltes vegades eren garlaires i ensarronadors que no coneixien bé les plantes i els animals...

—Ni els homes... —l'interrompé en Roc Destraler—. Jo vull dir solament que estudieu els homes, tal com feu amb les herbes i les bestioles. Mireu de destriar els que us volen bé dels que us envegen i us odien a causa de la vostra ciència.

—Vols dir que tu els coneixes bé, els homes?

—N'he tractats més que no pas vós. I de totes menes: senyors i criats, homes lliures i serfs, gentilhomes i gent de tropa... I, moltes vegades, els he estudiat des de dalt d'un arbre, on ells no em veien...

—Com amb la nostra colla aquest matí! —vaig ficar-hi cullerada jo, que no comprenia ben bé per què la conversa havia derivat cap a un tema tan poc divertit.

—De totes maneres! —repetí el lladre—. I us puc dir pel bé que us vull, perquè us estimo com un pare, que procureu no equivocar-vos mai. El dia que us vindran a buscar perquè els recomaneu alguna cosa per curar la tos de l'avi o el mal de la bava de les vaques, i l'avi o la vaca es morin, aleshores també diran que teníeu tractes amb l'infern i que les vostres pomades estan embruixades. Aneu amb compte!

En Rasclet s'alçà, consirós.

—No heu acabat la història del Cavall Florit —vaig reclamar jo, mig per curiositat, mig per treure'l de les seves cabòries.

En Rasclet contemplà en Roc Destraler i replicà:

—I tu també vés amb compte!

I tots dos esclataren de riure.

—Amb els temps que corren! —exclamà el bruixot.

—I el país sense rei —afegí el lladre—, o encara pitjor, amb una criatura per rei. Pobre infant! Tancat al castell dels templers, i mentrestant, els nobles s'esbatussen entre ells i els francesos del nord diu que senyoregen per les terres d'Occitània, a l'altra banda dels Pirineus.

—El Cavall Florit! —jo somicava.

—Em penso que ja ho he dit tot —en Rasclet es rascava la barbeta, reflexiu—. A veure... Ah, sí! Ja em torna a la memòria! El cavall no s'ha mogut de l'ermita de Santa Maria. L'ermità el tracta com si fos un sant, o una mina d'or. El cavall té una quadra al costat de l'església, neta i polida, i gairebé no es mou. És molt vell, ja, i el plançó del peu no li ha crescut gaire més, just com un esperó, ja t'ho he dit. Jo crec que els fems i la terra que traginava li feien d'adob. L'abat del Monestir de Sant Fruitós concedeix un munt d'indulgències als pelegrins. I el duc de Rocabruna, fervent partidari del rei En Jaume, segons diuen...

—D'on li ve l'enemistat amb el vescomte de Peguera —completà en Roc Destraler.

—El duc protegeix els pelegrins i guarda el record del rei Pere, perquè pensa que un dia pot ajudar a aixecar el país a favor del seu fill Jaume.

—Heu parlat d'un joglar... —vaig dir jo.

—Sí, el que va escampar la llegenda que el cavall era el del rei mort en combat.

—El recordeu, aquest joglar?

—Em sembla que no... En passen tants!

—Però vós no en deveu sentir gaires, si no us moveu d'aquesta cabana.

—És cert, vailet. I no m'agraden les seves fantasies. No toquen de peus a terra.

—Però la fantasia del joglar que va portar la llegenda del

Cavall Florit, heu de concedir que ha mogut més gent que cent mates d'ortigues de les que vós utilitzeu per a les vostres cures. Ja veieu si tocava de peus a terra!

—Potser sí. Però a mi els joglars, en general, no m'agraden. És clar que faig excepcions, com ara tu, Ocell de Foc, que sembles un xicot entenimentat i et prens seriosament l'ofici, i per això vols anar al Monestir de Sant Fruitós per aprendre i practicar a fons l'art de la música i el de la poesia. Però hi ha molts joglars que són uns improvisadors i uns engalipaires i no saben el que diuen ni com dir-ho, ni tenen veu per cantar ni dits a les mans per fer sonar bé els instruments que porten.

—Vós mateix heu dit no fa gaire que també hi ha companys vostres que no saben res de les qualitats de les plantes i fan quedar malament l'ofici —em vaig defensar jo.

—És veritat! —el bruixot somreia—. Sembla que pots anar sol pel món, Ocell de Foc... De foc ben viu, sembla.

En Roc Destraler aclarí:

—Aquest ocellot no pot volar sol perquè és meu... —estossegà una mica i corregí:—, perquè els monjos de Sant Fruitós em donaran una bona recompensa pel treball de portar-los un ocellet com aquest, un rossinyol que tothom voldria a la seva gàbia. Jo el protegiré i el guiaré fins al monestir.

—No recordeu on vàreu sentir el joglar que cantava la història del Cavall Florit, o com era? —jo insistia.

—Devia ser a la plaça del mercat de Rocabruna, perquè és l'únic lloc on de tant en tant acudeixo a fer la proveïda per al meu rebost...

—I com era...? El recordeu...?

El bruixot s'amoixava lentament els pèls de la barba. En Roc Destraler s'alçà i obrí la porta de la cabana. El sol s'havia amagat i a fora començaven les ombres. Només quedava un punt de blau en el cel, que desapareixeria en poca estona. En Rasclet afegí llenya al foc i la cabana s'il·luminà amb les flames grogues i vermelles que llepaven la sutja de la paret. En Roc alçà els braços com si sortís del llit i volgués deixondir-se, inflà el pit i exhalà un llarg sospir.

—Recordeu si anava sol o amb companyia...? Anava amb una joglaressa i amb un Cavaller Salvatge...?

En Roc es féu enrere, tancà la porta i s'acostà al foc. El bruixot agafà un ciri de cera vermella de la caixa i el va encendre.

—Ara vaig recordant... —digué el bruixot, mentre deixava caure unes gotes de cera al mig de la taula i després hi clavava la cua del ciri perquè s'aguantés.

—Voleu dir que no és hora d'espavilar-nos, ja, si volem seguir el vostre pla? —recordà el lladre.

—Calla...! —en Rasclet tenia els ulls perduts—. Ara el recordo...

Hi hagué un silenci. I en el silenci, per sobre de l'espurnall del foc, se sentí una melodia, bosc endins, un cant trist i llunyà.

—El cant dels pelegrins! —endevinà en Roc Destraler.

En Rasclet tornà en si, començà a moure's, inquiet, i digué:

—És tard! Tens raó, Roc, hem badat. Hem perdut una mica el temps tota la tarda, ja se senten els cants dels pelegrins i encara no us he dit un mot del pla que he imaginat. De pressa, ajudeu-me! Tu, Roc, obre la caixa del racó. Tu, Ocell de Foc, vés al fons de la cabana i porta tota la roba que hi ha sobre el jaç.

Jo vaig quedar-me parat. El bruixot s'acostava al foc i a les olles i es girà en veure que jo no complia les seves ordres.

—Què fas aquí, palplantat com un estaquirot? Mou-te o no podrem atrapar els pelegrins!

—Com era el jogar?

—Encara amb aquesta dèria al cap! Era cec. Era un joglar de Carcassona escapat de les seves terres per la guerra i la invasió de la gent del nord, i era cec i vestia de negre. I ara, no em preguntis res més, perquè no sé res més. I afanya't si vols que t'ajudem. Vinga! Vola!

Com d'esma, vaig córrer cap al fons de la cabana a complir l'encàrrec del bruixot.

8 *L'encantament*

QUAN UNA ESTONA més tard sortírem tots tres de la cabana per anar a atrapar la corrua de pelegrins que passaven bosc enllà, anàvem tan canviats que no semblàvem els mateixos. Ningú no ens hauria reconegut. El treball d'en Rasclet havia estat perfecte.

—Via, via! —ens esperonava el bruixot, que caminava amb una agilitat que no haguera dit mai.

—Amb prou feines puc dir res —comprovava en Roc Destraler—. Quan obro la boca m'empasso els pèls de color rogenc que m'heu enganxat a la meva pròpia barba i al meu estimat bigoti.

—Recordeu bé tot el que us he dit. Que no falli res, perquè aleshores tot se n'aniria en orris i no arribaríem enlloc.

En Rasclet ens portà per una drecera, per arribar més aviat al camí de l'ermita, on trobaríem els pelegrins.

El bruixot s'havia vestit de parracs i ennegrit la cara, i era un vell captaire, amb la cara amagada sota una caputxa feta d'un cul de sac. En Roc Destraler anava disfressat de mercader, i feia goig de veure: calces vermelles, sabates negres, camisa de seda blanca, mantó de vellut morat i al cap un capell d'ala ampla amb un fermall de molt gran estima. La cara tota rogenca, gràcies als pèls que el bruixot li havia enganxat al damunt del seu pèl, i la cicatriu que li travessava la galta esquerra, també rogenca, era menys visible enmig de la pelussera roja. Jo portava el llaüt a l'esquena, amagat sota una manta com si fos un gep. Els meus vestits eren tan po-

bres i descolorits que no va caldre canviar-los per fer-me passar per un pobre noi geperut i malaltís. Caminava colltort i com si el gep estigués a punt d'esclafar-me. I el bruixot m'havia pintat unes taques roges i grogues a la cara, a les cames i a les mans, perquè d'aquesta manera, digué, semblaria un empestat i ningú no se m'acostaria.

El bruixot anava al davant i ens guiava. No volgué encendre cap torxa perquè tenia els ulls fets a la nit, com els mussols. En Roc i jo el seguíem, una mica a les palpentes. El cant dels pelegrins se sentia cada cop més a prop i algunes estones es veia, entre les branques, la resplendor d'una foguera o d'un tió encès que algú portava per il·luminar el camí.

La corrua de pelegrins s'aturà i deixà la cançó, així que ens albirà al capdamunt del camí de l'ermita, on ens havíem esperat per enganxar-nos a la colla.

—Qui sou i on aneu? —cridà una veu dura, d'home.

—Som gent de pau, bons cristians —respongué ben alt en Roc Destraler, amb veu segura, reposada—, i anem en pelegrinatge a l'ermita de Santa Maria del Cavall Florit. Fa tres dies que faig camí per arribar a la festa, a la missa de l'alba, ja que jo mateix m'hi vaig obligar per una prometença feta en un moment de perill. Sóc vinater. Uns lladres, mal arribats!, van robar-me cinc bocois de vi i vaig prometre acudir a peu tot sol a la gloriosa ermita si els podia recuperar. El cel va escoltar-me, beneït siga! Els lladres, un parell de galifardeus, van ser atrapats quan sortien del meu hostal i així vaig evitar la pèrdua. Ara, com a bon mercader, pago el preu promès.

Un grup de pelegrins se'ns acostaren. Al davant hi anava un cavaller sobre un cavall negre, amb espasa cenyida, un gesaran de malla, i una bandera blanca a la mà. Els pelegrins eren dos homes, l'un vell i l'altre jove, l'un barbut i l'altre barmamec, el vell baix i encorbat, el jove alt i prim. Tots dos homes vestien d'una manera pobra i deixada, bruts per la pols dels camins. Portaven bastons amb una carbassa lligada al mànec, i petxines cosides a l'esquena i a les mànigues dels vestits. El jove alçava una torxa ben encesa per damunt del cap.

—No sembla pas que compliu el requisit d'anar tot sol —digué el vell, mirant de fit a fit el fals mercader.

—Oh! —somrigué en Roc Destraler tot mirant-nos—. Si ho dieu per aquests dos companys, us diré que ens hem trobat no fa gaire estona, ens hem partit els darrers aliments que em quedaven i, com que seguim el mateix camí i tenim les mateixes intencions, hem decidit fer via tots tres plegats, ja que, encara que pel seu exterior semblin roïns, la noble ambició amb què caminen els eleva a la meva condició, que ja sabeu, germans, que als ulls de Déu, tots som iguals i no hi ha pobres ni rics, savis ni ignorants.

—Em plau molt de sentir-vos parlar així, germà —contestà el vell pelegrí—. Pel vostre discurs mostreu la noblesa de la vostra ànima. Uns cavallers del duc de Rocabruna ens protegeixen dels malfactors que infesten els camins. Sabreu disculpar la nostra curiositat deguda al temor de topar-nos amb gent de mala ànima que pertorbarien aquest pietós viatge?

—I vós, sabreu comprendre la nostra il·lusió en sentir els vostres cants i les ganes d'unir-nos a la vostra amable companyia, tan ben protegida, per altra banda?

El vell pelegrí va obrir els braços al fals vinater i els dos homes s'abraçaren amb cordialitat i respecte.

—Benvinguts a la nostra comitiva —ens saludà el vell—. Som gent de vora mar i no ens volem morir sense haver contemplat el prodigi del Cavall Florit ni haver encomanat al cel el nostre rei desventurat, i el seu fill Jaume. El meu nom és Oleguer del Masnou, i sóc mestre d'aixa. Aquest és el meu fill Guillem, i és calafat, como jo. Dos altres fills i la meva dona vénen amb nosaltres. Dormirem al peu de l'ermita i demà, a trenc d'alba, hi arribarem per a la festa.

—Jo em dic Roger de l'Hostalric i us dono les gràcies pel vostre acolliment. Els meus companys de fa poc es diuen el Vell Tofonaire i en Carapicada, i els heu de perdonar si a penes gosen parlar. El nom, com és costum en aquests gallòfols rodamóns, s'ha perdut, si és que mai n'han tingut. Cristians, sí que ho són, i volen arribar a l'ermita per veure la meravella i demanar protecció contra la indigència en què es troben.

La filera de pelegrins avançà i tots junts, amb el cavaller al davant i un parell més al darrere, marxaren bosc enllà, cap a l'ermita. Els altres pelegrins, homes, dones i vailets, pel poc que la foscor permetia de veure, semblaven gent reposada, vestida, més o menys, com el mestre d'aixa i el seu fill.

En Roc Destraler, convertit en Roger de l'Hostalric, continuava la conversa amb el vell Oleguer del Masnou, tot caminant. En Rasclet i jo ens confonguérem, fent-nos una mica enrere, amb el gruix de la gentada. La cançó tornà a enlairar-se, cada cop més segura, al ritme de la marxa. Era una cançó lenta i llarga que parlava del vaixell d'uns pescadors que, atacat pels pirates sarraïns de Mallorca, torna buit a la costa on esperen endebades la mare, l'esposa i els fills, mentre els pobres pescadors resten a l'illa com a esclaus del rei moro i són obligats a convertir-se a la secta mafomètica.

—No comprenc d'on treu tan bones paraules —no vaig saber estar-me de xiuxiuejar a l'orella del bruixot, referintme a la xerrada del lladre—. Em pensava que només tenia llargs els dits.

—També hi té la llengua —rigué en Rasclet per sota el nas. I afegí amb orgull:— No oblidis que a en Roc, l'he pujat jo, i al meu costat alguna cosa ha agafat de bo. I ara, callem. Muts.

Contemplava la gent que caminava al meu costat. Alguns portaven una creu de fusta, d'altres anaven descalços i tenien els peus nafrats, plens de sang. Una mare portava una filla als braços. La filla, ja grandeta, dormia amb el cap repenjat a l'espatlla de la dona i tota la cabellera llarga i d'un color daurat li queia esquena avall, desordenada, bella, com una cortina d'or. Un noiet de la meva edat donava la mà al seu pare, un home cepat, massís, i l'home, quan el noi es quedava enrere, feia una estrebada i reien tots dos, altre cop junts.

Mentre caminàvem, vaig tornar a sentir la coïssor de la ferida, que, lentament, em pujava fins als ulls. De sobte la corrua de pelegrins foscos, el seu cant monòton, el silenci del bosc, com un gegant adormit, i les figures canviades dels meus amics el lladre i el bruixot, tot plegat em semblà estrany, com si recordés un somni, com si jo fos un altre i no tingués res a veure amb aquell paisatge i aquella gent. Era com si per virtut d'un poder irresistible jo m'hagués allunyat de la terra i contemplés la filera que caminava en la nit des d'un lloc alt i ocult. Era com un encantament, un moment d'aquells de què el Cec de Cabrera m'havia parlat un dia:

—Hi ha moments —m'explicà el Cec de Cabrera, asseguts tots dos sobre el pic d'un cingle— que un home viu amb més força que altres. Aquests moments de la vida et queden gravats al cervell i els recordes sempre més. En canvi, altres trossos de temps de la vida no els pots retrobar ni que et buidessin el cap, perquè els hem viscut sense pensar, sense adonar-nos-en. Jo penso que els joglars hem de fer una bona arreplegadissa de moments ben intensos perquè les nostres cançons siguin plenes de vida.

Havia de provar, doncs, de compondre una cançó ben viva. L'encantament que m'havia pres, me'n feia sentir capaç. Així que pogués ho intentaria. Sentia una força que havia de rebentar a crits, tal com el Cec de Cabrera m'ensenyà que eren les forces de la guerra, de l'amor o de la mort, unes forces que ningú no pot aturar.

Arribàrem a les envistes dels dos castells, i ens aturàrem a la cruïlla del camí de l'ermita amb el camí que portava al Castell de Rocabruna, perquè uns cavallers enviats pel duc ens hi esperaven. Els cavallers del duc portaven cavalls encoberts de brocat i de seda i bacinets al cap amb plomalls grans i bells. Els enviats ens notificaren que l'ermita era plena a vessar de pelegrins i que el duc ens oferia allotjament i refrigeri en una masia, prop del seu castell, per aquella nit.

El vell Oleguer del Masnou consultà amb un grup d'homes i acceptà de bon grat la invitació. En Rasclet em digué a cau d'orella:

—No t'atabalis. A l'ermita o al castell, actuarem tal com hem quedat.

I s'acostà al fals vinater, suposo que per dir-li el mateix. Al castell i al poble hi havia gran lluminària i grans alegries de tocar trompetes i timbals i altres menes d'instruments. Els cavallers ens contaren que el duc havia manat que fossin fetes grans festes, de vuit dies de durada, amb balls i justes i torneigs i moixiganga de nit i de dia per alegrar els pelegrins.

I el duc de Rocabruna, tan remirat, havia convidat a les festes del Cavall Florit els seus veïns els barons del Castell de Rocablanca, que eren una gent lletja com un pecat, presumida com un paó, i manefles de mal pèl, carregats de criatures. També havia convidat el vescomte de Peguera, l'altre veí, i encara que, per enemistats que feia anys que duraven, de primer el vescomte no havia acceptat, després va decidir acudir a les festes amb la vescomtessa i amb la seva filla Carmesina i tot, oblidant els odis només vuit dies justos, ni un minut més, perquè volia guanyar les indulgències, que són unes disculpes que fa l'Església de les penes degudes als pecats, i que els bisbes i els abats concedien als qui visitaven amb fe l'ermita per aquells dies.

—El vescomte bandoler també ha acudit a l'ermita! —exclamà en Roc Destraler, ben baix—. Això vol dir que no podem badar!

—Podrem saber coses del Cec de Cabrera i de la colla? —vaig demanar jo.

—Ja t'he dit que jo m'ocuparia dels teus companys —em tranquil·litzà el bruixot—. Quan vosaltres fugireu cap al monestir, jo em dedicaré a furgar cel i terra fins a descobrir el rastre del Cec de Cabrera, de la joglaressa Matilde i del Cavaller Salvatge. I així que descobreixi alguna cosa, us trametré un avís al Monestir de Sant Fruitós. No hi patiu, que si podem no deixarem ningú en males mans. I ara, muts altre cop, i a seguir la rua.

A la masia, ens deixaren dormir a la pallissa, als graners i a les golfes. Però ningú no tenia son i tots els pelegrins ens reunírem a l'era, per cantar i contemplar les muralles del castell, tan a la vora, i les lluminàries i els crits i les músiques. Els pagesos ens portaren pans calents així com eixien del forn, i vi i confits de mel i de sucre, tot de part del duc.

Després dels cants vingueren les històries, i un pelegrí contà que a la Llombardia, un joglar escarnia tan bé i divertia tant els qui el veien, que tothom li donava robes, cadires, galls i altres regals de preu, i ell, amb el gust del guany, no feia res més que escarnir tothom; tant, que un dia, entrant en una ciutat, va veure sobre el portal una bella imatge de la Mare de Déu, que portava un Nen Jesús als braços, i, en lloc de fer oració, se la va quedar mirant una bona estona, i de seguida es posà a escarnir-la, per la qual cosa Déu el va castigar, fent-lo caure per terra contrafet i esguerrat.

Un altre explicà com quan l'infant En Jaume nasqué, a la ciutat de Montpeller, la vespra de la Candelera, la reina Maria, que era senyora de Montpeller i de totes les seves pertinences, i mare de l'infant, envià el nounat a l'església de Santa Maria, i s'escaigué que deien matines i tantost com els qui portaven l'infant en braços entraren pel portal, els clergues cantaren aquell càntic *Te Deum laudamus,* que vol dir «t'alabem, Senyor».

I després el portaren a l'església de Sant Fermí, i quan els qui el portaven entraren al temple, cantaven un altre salm, *Benedictus Dominus Deus Israel,* és a dir, el «Magníficat».

I quan tornaren l'infant a la casa, la reina fou molt alegre d'aquests bons presagis esdevinguts. I féu fer dotze candeles, totes d'un pes i d'una mateixa dimensió, i féu-les encendre totes alhora i a cada una posà sengles noms dels apòstols i prometé que aquella que més duraria, aquell nom tindria l'infant. I durà la de Sant Jaume, més de tres dits de través que les altres. I per això i per la gràcia de Déu l'infant es diu Jaume. I aquells bons auguris semblen indicar que l'infant està predestinat a esdevenir el nostre rei. Una força el protegeix i l'ajuda a sortir de tots els mals passos. De molt petit, quan jeia en el bressol, els seus enemics tiraren una pedra per una trapa oberta sobre el lloc on ell reposava, i el cantal caigué prop del bressol, però l'infant s'alliberà de la mort.

Tot seguit el pelegrí enumerà les convinences que l'avi de l'infant En Jaume, el pare del rei Pere, el rei Alfons d'Aragó, comte de Barcelona i marquès de Provença, havia fet amb l'emperador de Constantinoble primer, i amb l'emperador de Castella després, per parlar de matrimoni amb les seves filles, i com al final s'havia casat amb Sança de Castella. Però l'emperador Manuel de Constantinoble, no sabent el matrimoni que el rei Alfons havia fet, envià a Montpeller la seva filla amb un bisbe i nobles senyors, i quan hi arribaren saberen que el rei ja havia pres muller. I el senyor de Montpeller no la deixà tornar-se'n a Constantinoble i es casà amb ella. I tots els homes de Montpeller, de deu anys en amunt, juraren que fill o filla que nasqués d'aquest matrimoni fos senyor de Montpeller si fos home, i també si fos fembra. I quan fou temps tingueren una filla, de nom Maria, que més endavant seria la dona del rei Pere i la mare de l'infant En Jaume.

9 *La fugida*

ELS OÏDORS estaven una mica atabalats de tants reis i emperadors. El discurs del pelegrí havia estat massa extens. Alguns romeus pesaven figues, repenjant-se a l'espatlla dels seus veïns. En Rasclet em digué a cau d'orella:

—Ha arribat el moment d'actuar. Em penso que aquest home que acaba de parlar sap moltes coses per ser només un senzill pelegrí de vora mar.

—Us malfieu d'alguna cosa?

—No res. És una simple observació. Parla com un clergue. No em sorprendria que els amics de l'infant li haguessin encomanat de barrejar-se amb la romeria per tal d'explicar a la bona gent qui ha de ser el nostre rei.

—Ha destorbat les nostres intencions?

—Al contrari. Et recordes de tot el que has de fer?

—Estic dispost.

—Doncs vinga! I no us preocupeu pel Cec i la seva colla que, si puc, jo us faré arribar noves al monestir.

S'alçà un altre home i es posà a cantar unes lloances a santa Maria. Jo vaig aprofitar el moment per esmunyir-me marge avall, cap al bosc, cap a la foscor. Ningú no va veure com m'escapava.

—Us agrairé tota la vida la vostra ajuda —vaig mussitar a l'orella del buixot, abans de fugir—. Gràcies per tot!

Ell em contestà, sense mirar-me, gairebé sense moure els llavis.

—Sigues un bon joglar. Canta pertot arreu unes cançons

que facin retrunyir la terra! Embruixa les paraules; i encanta amb els teus cants!

Quan era lluny del redol on encara cantava el pelegrí, vaig aturar-me per girar la vista enrere i vigilar si passava el que havia de passar. Ara li tocaria fer el paper al fals vinater, en Roc Destraler.

M'havia aturat al mig d'un bosc espès, prop d'un camí que vorejava els dos castells i seguia pel caminoi dels codonyers i el prat de les Avellanes, cap al Monestir de Sant Fruitós. Havíem quedat amb el bruixot i el lladre que jo m'esperaria a la vora del camí, enmig dels dos castells, en un indret on hi havia un pou sense corriola. Mentre em treia el llaüt de l'esquena, per poder caminar millor, observava l'era plena de pelegrins, i de sobte es van sentir els crits del fals Roger de l'Hostalric que feien parar el cant i esvalotaven tota l'era.

—Maleïda sigui l'hora i el moment que vaig topar-me amb aquell parell de pòtols! Perdularis, lladres, desagraïts, pispes, pillets! Vell Tofonaire i Carapicada, van dir que eren els seus noms, mal llamp els mati! Lladres de camins, ditsllargs i engalipadors de pelegrins, els escauria millor per malnom!

La veu del vell Oleguer del Masnou tractava d'apaivagar l'irritat vinater:

—Calmeu-vos, company! Què us passa?

I la veu d'en Rasclet, que acudia, sorprès:

—Què crideu contra mi? Per què m'insulteu com si us hagués fet algun mal?

—On és el vailet geperut i carapicat que feia camí amb vós quan fa dies vam trobar-nos?

—En Carapicada, voleu dir?

—En Caragirada, hauríeu de dir-li, perquè tenia una cara d'amic i una altra de lladregot i d'hipòcrita!

—El noi esguerrat i malaltís que venia amb vosaltres no es veu enlloc —explicà el fill del vell Oleguer, el calafat Guillem—, i ningú no el troba.

Els pelegrins, tots esverats, cridaven:
—Però què us ha fet?
—Per quina raó el tracteu de lladre i de mentider?
—No us fieu mai de la gent dels camins, sense feina i sense teulada! Són traïdors com un mal vent o com la calamarsa!
—No el trobem enlloc, ha fugit sense que ningú l'hagi vist.
—Si ha fugit és que alguna n'ha feta!
La veu d'en Roc Destraler va arribar a la nota més alta i més fingida quan declarà, a la vista de tres cavallers del duc de Rocabruna que, amb bandera blanca a la mà, s'apropaven per veure què era aquell brogit:
—Un fermall d'or que portava enganxat al barret, un record molt valuós que pensava deixar a l'ermita, m'ha desaparegut. El lladre ha d'haver estat el maleït vailet que era a prop meu i al qual, en aquests dies de caminar junts, he parlat de la vàlua de la joia i fins li he ensenyat, sense cap malícia, com es desenganxaven les dues peces. Qui m'havia de dir, ingenu de mi, que la curiositat del noi era el camí que preparava la malifeta? Com podia sospitar que la dolenteria niava al cor d'un pelegrí que semblava pietós i humil? Amb quina falsia ha actuat per pispar-me del capell que havia deixat entre les cames, mentre escoltava les vostres històries, un joiell destinat al tresor de l'ermita!
—Us asseguro, bon home, que jo no hi he tingut art ni part, en aquest robatori —s'excusava el bruixot, fent també el paperot—. Escorcolleu-me, despulleu-me, mireu tots els amagatalls del meu vestit, gireu-me de cap per avall o obriume de dalt a baix si us plau, i comprovareu que sóc innocent!
—I com provareu que no estàveu convinguts, i mentre ell feia la feina, vós vigilàveu? —demanà un dels cavallers del duc de dalt del cavall estant.
—No pot haver fugit fa gaire estona, el brivall —digué el Vell Tofonaire—, perquè jo el tenia gairebé al meu costat, i ni m'he adonat que se n'anava. Ara mateix era aquí. Si cor-

reu, amb els cavalls, l'atrapareu de seguida. Us juro que jo no conec aquest bergant més que d'haver caminat plegats uns quants dies, com és el cas del vinater.

—El pobre Vell Tofonaire sembla sincer —comentà el mestre d'aixa—. I, d'altra banda, el guardarem fins que surti el pillet.

—No el deixeu escapar! —ordenà un dels cavallers—. Nosaltres donarem un cop d'ull pels camins i pel bosc. Mentre cerquem el culpable, vosaltres escorcolleu el vell.

—Deixeu-me venir amb vosaltres! —demanà en Roc Destraler, com era convingut—. No em tingueu aquí parat i patidor mentre vosaltres correu perills i us fatigueu per la meva causa! Jo vull ajudar-vos! I, a més, algú s'ha de quedar amb els pelegrins per protegir-los, tal com el noble duc de Rocabruna us ha encomanat. Què faríem si ens abandoneu per atrapar un malfactor, i mentre sou fora se'ns-en presenta un altre, o hi ha un accident o una baralla?

No vaig sentir res més perquè com que les coses anaven tal com en Rasclet les havia previst, jo havia de fer cap a la vora del camí, a l'indret on trobaria un pou sense politja, i esperar-me fins que en Roc em vingués a buscar amb un cavall. Mentre corria camí amunt, de tant en tant girava el cap per veure si el pla del bruixot acabava tan bé com havia començat. Abans que el camí tombés i el bosc em tapés definitivament l'era, al peu de la muntanya, vaig veure com en Roc Destraler pujava a dalt d'un cavall que li deixava un dels cavallers del duc, i mentre el cavaller descavalcat i un altre a cavall es quedaven a vigilar el bruixot i a protegir el grup de pelegrins, el lladre disfressat de ric vinater i el tercer cavaller esperonaven els seus cavalls i començaven la meva recerca.

No vaig trigar gaire a trobar el pou, a la vora del camí. Era un forat rodó, negre i profund, voltat de pedres que s'alçaven fins a mig cos. Per pouar l'aigua només hi havia una corda mig esfilagarsada amb una galleda abonyegada i vella al capdavall. La corda havia segat la boca del pou, i les pedres eren plenes de sécs. Vaig seure al reposador que hi havia al costat del pou, un pedrís per posar-hi la galleda. A mesura que els ulls es familiaritzaven amb el lloc, vaig descobrir un obi a l'altre cantó del pou, que devia servir d'abeurador, i un pilot de pedres que devien ser un cavalcador.

Era un prat d'herba fresca, tot voltat d'arbres, en una clariana que el bosc feia, aprofitant una volta del camí. Els arbres eres alts i negres i es movien suaument, sense vent, com si els ulls em fessin pampallugues. Escoltava el flautejar dels tòtils i el xerricar dels grills. Uns ocells refilaven entre les branques. Jo em vaig entretenir una estona escoltant. Mirava de destriar els diferents cants i d'endevinar a quin animal pertanyien: el xot, que fa un xiulet repetit, «quiuuquiuu...», gairebé com la veu d'un galàpet; la miloca, que fa uns «puu-puu-puu» molt ràpids, aguts i musicals; la xibeca, que fa un crit llarg i sibilant... Però potser m'equivocava perquè l'Escarnidor d'Ocells gairebé no havia tingut temps d'ensenyar-me a distingir els grills cadells de les basaroques.

Vaig treure el cap al camí, i em vaig girar a tots costats per veure si en Roc Destraler s'apropova, però no es veia res ni m'arribava cap trot de cavalls.

El camí es perdia amunt i avall, com un riu engolit pel bosc negre. Els dos castells no es veien perquè la boscúria els tapava.

Vaig tornar a seure al reposador. El temps passava quiet i buit i la nit es ficava dintre meu i m'encongia el cor. Lentament, sense proposar-m'ho, tot de paraules i frases començaren a ballar-me pel cap, i jo vaig restar immòbil, per no destorbar el doll d'aquella veu que sentia parlar, meravellat, dintre meu.

Eren tot de paraules violentes contra el vescomte bandoler, culpable màxim que jo em trobés ara sol i qui sap si abandonat, a mercè de qualsevol desventura. Era com una batalla de crits que s'alçaven per lluitar contra el poderós vescomte de Peguera.

Ai, vescomte de Peguera!

Repetia els versos per gravar-me'ls a la memòria. El Cec de Cabrera no m'havia ensenyat a escriure ni a llegir, i això que ell en sabia, perquè la vida atrafegada dels camins i el fet que ell no hi veia, el n'havien privat.

Ai, vescomte de Peguera
ple de mal i de quimera...

Em sortia un sirventès, que com sabia pel meu mestre, eren les cançons on es deia mal d'algú. El sirventès era una cançó política, deia el Cec. Ja la tenia tota!

Ai, vescomte de Peguera
ple de mal i de quimera,
quina mort trista us espera
si de lladre feu carrera!

Vescomte caragirat,
feu de lladre d'amagat,
a la cara rieu amable
i a l'esquena sou un diable!

Vescomte de Peguera,
galàpet garriguer,
rata de claveguera,
criminal, bandoler,
surt de la llodriguera
sense careta, femer,
i així veurem aclarit
que el vescomte és un bandit.

La cantaria pertot arreu i l'ensenyaria a tothom, així tots coneixerien la dolenteria del vescomte i ell mateix l'escoltaria algun dia i rebentaria de ràbia en veure que les meves paraules duraven més i arribaven més lluny que els seus cavalls i les seves sagetes.

Estava tan content de la meva obra que no pensava en res més, i m'haguera posat a saltar i a ballar al mig del prat, i així no vaig veure un home que venia pel camí i s'acostava al pou, fins que el vaig tenir al davant, i em va sobtar.

10 *El clergue vagabund*

L'HOME digué amb veu que a mi, en aquell primer moment, em semblà tenebrosa:

—La fortuna, variable com la lluna, m'ha portat fins aquí. No pensava pas trobar companyia. Veig que sou de l'ofici...

Ho deia pel llaüt, segurament. L'home quedà parat, tot sorprès, quan va veure que jo agafava l'instrument i em refugiava darrere del pou. Després de contemplar-nos mútuament en silenci, una estona, l'home esclafí el riure:

—No tingueu por...

Avançava cap a la pica tot fent tentines. La seva veu era vacil·lant, semblava tartamut. Ara el veia millor i era més jove del que m'havia semblat. Vestia un hàbit gris tot estripat i calçava sandàlies. Duia els cabells esbullats i tenia la cara roja.

—No tinguis por... —rectificà el tractament, reparant en la meva jovenesa—. Només vull refrescar-me la cara perquè se m'aclareixi el cap i pugui arribar fresc a l'ermita.

—També aneu a la festa del Cavall Florit? —vaig dir jo, sense moure'm.

L'home esclafí unes rialles, mentre amb les dues mans s'aguantava a la pica i abocava el cap fins a l'aigua.

—Jo acudeixo a totes les festes i saraus! —esclatà, abans de ficar el cap a dins la pica.

Quan l'en tragué, tots els cabells i la punta del nas li regalimaven d'aigua. Ell movia el cap ben fort i ben de pressa de dreta a esquerra, com si volgués espolsar-se un borinot, i després tornava a doblegar l'esquena i a remullar-se el cap. Feia:

—Brrrr...!

I mentre tenia el cap fora de la pica, m'explicava:

—Brrr...! Els de la nostra confraria no deixem res per verd... Brrr...! Ho correm tot! Brrr...! I tu, què hi fas, aquí, tot sol? Si no m'enganyo, perquè encara tinc el cap enterbolit de massa vi, tu ets un joglar novell... Brrr...! Que no vas a cantar per als pelegrins i senyors que acudeixen a l'aplec...?

—Espero un amic que ha de venir per portar-me lluny d'aquest lloc. No pot trigar gaire. Us trobeu bé?

L'home tornà a riure:

—Ja em trobo bé. Jo, quan faig versos, bec bon vi, del millor que hi ha a les bótes dels taverners: amb aquest vi, neixen abundosos els poemes. Ara ja saps quin era el meu mal!

Mentre l'home s'eixugava amb la màniga i els faldons del seu vestit brut, em vaig recordar que el Cec de Cabrera m'havia parlat d'uns poetes vagabunds, anomentas goliards, una confraria d'escolars que havia penjat els llibres i havia deixat les universitats i monestirs on estudiaven per anar a córrer món i assaborir el gust de la vida. Era gent jove que menava una vida de disbauxa i feia versos en llatí, amb acompanyament musical. Les seves antigues universitats de París, Orleans, Oxford o Bolonya, els havien donat a tots una mateixa formació i una mateixa llengua, per això es coneixien i s'entenien entre ells, per lluny que anessin. Vivien al dia i cantaven la taverna, el joc i la barrila. «Gairebé no utilitzen mai la llengua vulgar en les seves composicions —havia dit el Cec—; la llengua del poble només els serveix per a entendre's amb la gent.»

—He fet cançons de reclutament per a la Croada i una complanta per la mort de Ricard Cor de Lleó. Conec abats i reis i l'arxipoeta de Colònia i tot. He estudiat a l'abadia de Ripoll i a la Sorbona de París, i ara em dedico a passar-m'ho bé i prou. I tu ets molt jove, què has fet? Cantes versos d'altri, suposo? Et té a les seves ordres algun ric trobador d'aquests tan savis i complicats o algun príncep afeccionat a la poesia i et mantenen perquè escampis els seus versos, els cantis a la persona que els ha inspirat, en facis grans elogis i els augmentis la fama?

—No depenc de ningú. El meu mestre, el Cec de Cabrera, ha caigut a les mans d'un vescomte mala bèstia i el guarda, presoner, no sé a quin lloc. L'Escarnidor d'Ocells, un joglar que venia amb nosaltres, ens ha traït.

—Per quina raó?

—Per robar-nos el present que ell mateix ens havia fet el dia abans, quan vam actuar al seu davant. I per d'altres raons més misterioses que no conec.

—N'hi ha per trencar-li la carcanada!

—Poc abans de topar amb vós, acabava de compondre un sirventès contra aquest vescomte de Peguera, el vescomte bandoler. El voleu sentir? Jo no sé llatí i l'he compost en la meva llengua de cada dia.

El goliard es va asseure al brocal del pou i jo vaig polsar el llaüt i li vaig fer conèixer la meva primera obra.

Quan acabava la cançó, vaig sentir els renills i el galop d'un cavall que s'acostava pel camí.

—M'ha agradat molt —féu el goliard tot saltant a terra—. Et felicito. Si t'apliques pots arribar lluny. Me la deixes cantar allà on vulgui perquè s'escampi i tothom conegui les malifetes d'aquest galàpet garriguer de vescomte?

Jo no volia altra cosa. No m'havia equivocat en fer-li confiança i ser franc amb ell. Li vaig repetir el sirventès fins que se'l va haver après de memòria, cada cop més de pressa, perquè el cavall veloç ja es veia al fons del camí.

—És l'amic que esperava... —vaig dir jo, anant cap la vora del camí. El goliard em seguia, cantussejant, amb el cap cot.

—Si sé noves del teu mestre, on vols que te les faci arribar?

—Ara anem al Monestir de Sant Fruitós, però no sé si hi pararé molt o poc. I vós, on sereu?

—Pels camins...

El poeta vagabund obrí els braços com si volgués abraçar la terra.

El cavall arribà al meu costat i en Roc Destraler, sense dir res, amb la cara ferotge, em garfí per una aixella, i sense moure's de la sella, m'enfilà fins a la gropa, darrere seu.

El goliard s'apartà, mig espantat, perquè el cavall no va ni aturar-se, i mentre el lladre l'esperonava amb cops de taló i movia les regnes perquè corregués més fort, va demanar tot cridant:

—Eh, vailet! Com et dius?

En sentir aquella veu, en Roc Destraler flinganteja el flanc del cavall amb una branca que portava a la mà.

—I vós, quin és el vostre nom? —vaig cridar jo també, tombant el cap. Amb el braç dret m'aguantava ben fort a la cintura del lladre i amb l'esquerra portava el llaüt.

El revolt del pou quedava endarrere i el goliard era una taca negra, al fons.

—Em diuen Febus Bacus, en llatí, de nom de poeta... Sóc de Ripoll, però... I tu?

Ens enfosàvem pels camins del bosc, per l'esvoranc que partia les terres del Castell de Rocablanca i el Castell de Rocabruna, i les muntanyes i les fondalades repetien:

—I tu...? I tu...?

Jo vaig cridar amb tota la força, perquè ja era lluny i no el veia:

—L'Ocell de Foc!

Volia que l'eco li portés, tot repetint-lo, el meu nom de joglar, l'únic que coneixia, si en tenia algun més:

—L'Ocell de Foc...! L'Ocell de Foc!

SEGONA PART

EL MONESTIR

11 *La cel·la humida*

ARRIBÀREM al monestir a les primeres hores del vespre següent. Només ens havíem aturat dos o tres cops pel camí: un cop a la matinada de la primera nit per deixar reposar el cavall i fer nosaltres una becaina, i al migdia del nou jorn, perquè el cavall begués en un abeurador solitari que vam trobar al prat de les Avellanes. Més tard, quan ja érem a les envistes del monestir, vam amagar-nos entre els arbres per no topar-nos amb una corrua de gent que venia en direcció contrària. Eren un grup de pobres i esguerrats de tota mena, des de bornis fins a vells coixos o amb crosses.

—Si haguéssim endevinat que era aquesta rampoina, no ens hauríem aturat! —maleí en Roc Destraler—. Pollosos! Vénen del monestir de menjar-se la sopa dels pobres i deuen anar cap als dos castells, com un eixam de mosques famolenques! Qui sap d'on vénen i quina guerra els ha llençat pel món, com gossos sense amo!

Jo no vaig gosar dir res, malgrat que tenia ganes de saber coses d'aquell exèrcit de miserables que passava. El lladre no mostrà gaire parlera durant la fatigosa galopada. Gairebé no va dir res en tot el camí. I a mesura que ens acostàvem al monestir, feia el posat més sorrut i els crits i vergassades a la bèstia eren més aspres, com si volgués trencar la mica d'amistat que podia haver nascut entre ell i jo en el transcurs de les peripècies que havíem viscut plegats.

El monestir era un conjunt d'edificis de color terrós encerclats per una muralla que alçava com un home i mig.

Fora muralles i al davant de la portalada de l'església hi havia una escalinata i una placeta i tot de cases senzilles al voltant. El campanar i les torres semblava que toquessin el cel perquè el monestir quedava encimbellat sobre un turó verd de boscatge, i un riu tranquil i net el voltava i en feia gairebé una illa.

Passàrem el riu per una palanca de fustes velles que cruixien i balancejaven sota nostre, com si fossin llesques de pa tou. Havíem descavalcat, i en Roc menava el cavall per les regnes i jo anava a la cua amb el llaüt.

Un frare vell, calb i panxut, en arribar a l'altra vora del riu, ens demanà:

—On aneu, gent de Déu, ara que ja fosqueja i estem a punt de tancar totes les portes?

—Portem un encàrrec molt important per a dom Berenguer de Foix, un monjo del monestir —explicà el lladre sense aturar-se, camí amunt.

—Cuiteu, afanyeu-vos, doncs! Aneu a l'Alberg dels Pelegrins i demaneu per ell al pare alberguer. Jo sóc un monjo llec, el germà Ot, i tinc cura de la palanca. Per si algú cau a l'aigua, sabeu? I perquè quan les campanes toquin vespres, que serà molt aviat, trec uns quants taulons perquè a la nit no pugui passar ningú.

Però, quan ja tocàvem les muralles del convent, en Roc Destraler m'agafà, tot d'una, sense que jo tingués temps de fer o dir res, em lligà de mans i peus, em posà un mocador a la boca i em deixà sota unes mates de boix i arboç, com si fos un sac de pomes o un conill caçat de poc.

—Ocellet —em digué a cau d'orella abans de deixar-me sol a l'arboçar, i la seva veu era dolça, com si se li hagués acabat la mala lluna del camí i tornéssim a ser companys—, no t'espantis que torno de seguida. Et deixo lligat perquè així no volaràs. Vaig a cercar aquest monjo que, segons sembla, et té la gàbia a punt. Si el vescomte bandoler et volia amb tant delit, vol dir que aquest monjo que el Cec de Cabrera et va recomenar em pagarà doble preu per tu. Com que el vescomte de Peguera és el meu enemic, no tinc altre remei que vendre't al teu amic. Jo em demano què diable tens que amics i enemics se't disputen amb tant d'afany.

Jo vaig pensar en la bossa de diners que m'havia confiat el meu mestre i que portava amagada per dintre les calces, lligada a la cintura. Si el lladre, que ara marxava cap al monestir, tot remugant paraules, com si li sabés greu deixar-me, hagués sabut el valor d'or que portava al damunt, s'haguera pensat que tots m'encalçaven per prendre'm la bossa. I era per una altra raó que jo no coneixia, encara.

—Ets un bon amic, un joglar valent i astut —remugava el lladre, allunyant-se, sense mirar-me—, i per això entendràs, ara o més endavant, que si puc treure un profit d'aquesta ocasió, fóra un boig si no ho fes. Només un boig es deixaria perdre una ocasió com aquesta, que a mi pot portar-me molts beneficis i a tu cap perjudici!

No trigà gaire a tornar el lladre, acompanyat d'un monjo alt, galtavermell i barbut. El cel s'havia tornat de color de cendra, i de la roentor del dia només quedava la ratlla vermella de ponent, com un ferro posat al foc massa estona.

—Aquesta és la peça que heu obtingut —en Roc Destraler apartà les mates per mostrar-me al nouvingut.

—No us ha costat gaire de convèncer-me —la veu del monjo era profunda, una veu molt greu, d'home rabiüt—. No sé com ha corregut la notícia, però tot el país va a darrere d'aquest vailet. Barons i marquesos se'l disputen com si anés carregat d'or. Al monestir va arribar no fa gaire un colom pintat de sang que, segons sembla, era el senyal per començar la recerca i captura del Cec de Cabrera i del noiet que portava...

—Jo tenia entès que el colom de sang era el senyal per començar la lluita contra els partidaris de l'infant En Jaume, que és a Montsó...

—Les bandositats i faccions entre els cavallers i rics-homes d'Aragó s'han anat creant des que l'infant és a Montsó, ara fa gairebé dos anys i mig. Sis o set anys devia tenir En

Jaume quan els nobles i ciutadans de Catalunya el van rebre a Narbona dels francesos de Simó de Montfort, i van acordar que l'eduqués el mestre del Temple. Millor dit, els partits van començar quan amb el retorn de l'hereu als regnes van ser convocades corts a Lleida, de catalans i d'aragonesos, en nom de l'infant i amb segell nou. Hi van acudir tots, l'arquebisbe, els bisbes, els abats i els rics-homes de cadascun dels regnes, i deu homes de cada ciutat; tots hi van acudir el dia de la cort, llevat de Don Ferrando i el comte Don Sanç, comte de Rosselló, perquè cadascun d'ells, si l'infant En Jaume es mor, té esperança de ser rei. Aquests són els capitostos, i ambdós tenen el seu partit i són obeïts com a caps per molts dels qui a Lleida varen jurar de guardar el cos de l'hereu i els seus membres i la terra i que el guardarien en totes les coses i per damunt de totes les coses...

—L'infant deu tenir l'edat de nou anys ara, ja...

—Sí; l'hereu d'aquestes terres es fa gran, i alguns cavallers assenyats que tenen pesar d'aquests mals tan grans que veiem, preguen a l'infant que deixi el castell de Montsó i que vagi amb una de les faccions i destrueixi l'altra. Alguns li han donat paraula d'ajudar-lo i de sostenir-lo amb tot el seu poder. Per això els facciosos estan més esverats que mai i combaten amb més crueltat. I el colom de sang deu ser un dels molts missatges secrets que amics i enemics es trameten.

—El preu podia ser més alt —el lladre s'ajupí per destapar-me la boca i començà a deslligar-me els peus—. Algunes persones pagarien el doble i el triple per tenir aquest brivall en poder seu, però jo el vull deixar en bones mans. Aneu a saber quin secret porta amagat, que ell mateix desconeix!

—No li deslligueu les mans —impedí el monjo—. Que pugui caminar i prou. Jo portaré el llaüt.

—Com vulgueu —féu el lladre, i amb la mà m'alçà pel coll—. Amunt, ocellet, i bona sort!

Jo no vaig dir res. El lladre esclatà de riure. Em va posar les mans a les espatlles i em digué, en veu baixa:

—Jo he complert: t'he portat al lloc on volies arribar. Ens ha costat esforç arribar-hi; no creus que em mereixo un guany? En Rasclet haurà ficat el nas al Castell de Peguera i aviat sabrem noves dels teus amics..., i dels enemics, que ja no em recordava de l'Escarnidor d'Ocells. Aquest guany servirà per fer bullir l'olla mentre en Rasclet i jo seguim les petjades de la teva gent. Adéu!

Abans de deixar-nos, demanà al monjo:

—No li podríeu deslligar les mans?

El monjo m'empenyia camí amunt cap al monestir, amb la mà que el llaüt li deixava lliure, i respongué:

—Encara no sabem res d'ell. Només el que tu ens has contat i tu no ets pas una persona totalment de fiar. El pare Berenguer de Foix ens traurà de dubtes. Bon camí! Aneu amb Déu, bon mosso!

El lladre corria camí avall, cap al riu, tot rient, i les seves paraules es perdien, com si la fosca les fes fonedisses:

—Si heu pagat un bon preu per ell, és que sabeu més coses del noi que no haguera conegut jo en deu anys d'anar al seu costat! No m'ha pas costat gaire de convèncer-vos! Si no haguéssiu sabut de què anava, i amb qui us jugàveu els diners, encara estaríem fent tractes a hores d'ara...!

Jo no veia on posava els peus, i vaig aturar-me. El neguit que m'havia causat el tracte del lladre, la conversa d'en Roc Destraler amb el monjo que ara m'acompanyava, i la sorpresa de veure'm lligat de mans i conduït com un malfactor, em feien rodar el cap i m'enterbolien la vista. Si no hagués estat que, pel que acabava de dir el monjo, semblava que aquell no era el pare Berenguer de Foix, en qui el Cec de Cabrera m'havia recomanat que confiés, fosc com era i lligat com anava, haguera corregut camí avall per escapar-me d'aquell monjo barbut i desconfiat i de la grandària i fredor del monestir, que m'esperava com una presó immensa.

—Què tens, noi?

—No hi lluco gens —vaig dir jo de mala gana, i vaig afegir amb veu enemiga:— Si hagués sabut que havíeu de tractar-me com em tracteu, m'hauria quedat pels boscos amb les mans ben lliures!

El monjo em posà la mà a l'espatlla per guiar-me i, a la vegada, per obligar-me a caminar:

—Segueix —ordenà—. És aquí mateix!

Al portal del monestir hi havia unes atxes enceses i un monjo vell i una mica espatllut amb les mans amagades a sota les mànigues que feia de porter. El vellet tancà les portes així que nosaltres haguérem entrat. Les escales eren llargues i fosques, els corredors buits i freds, les sales amples i desertes. En alguns racons hi havia una llàntia encesa, al peu d'un Sant Crist o de la Mare de Déu. Algunes parets eren ben pintades d'escenes amb gent i animals i molta acció. De tant en tant ens topàvem amb algun altre monjo que passava com una ombra, cap cot, mans juntes, arran de paret.

—Què hagueres fet, tu, sol pel bosc? —digué el monjo que em portava—. De la manera que et volen caçar els teus perseguidors t'haurien engabiat en poques empentes.

Travessàrem un claustre i les campanes repicaren com una música. El claustre tenia un pou al centre i estava tot voltat de xiprers. Quan les campanes callaren es féu un silenci d'aquells que sembla que s'hagi aturat el món.

—El pare abat —continuava el monjo, mentre baixàvem unes escales estretes— ha d'anar molt amb compte amb el que fa, perquè corren mals temps i el monestir és un refugi tant per als amics com per als enemics.

Arribàrem a un corredor subterrani molt curt, amb un parell de portes a cada banda. Hi havia una llàntia encesa penjada a la paret. El monjo obrí la primera cel·la i m'empenyé cap endins.

—Aquest serà el teu jaç per uns quants dies —em deslligava les mans mentre parlava—. Ara reposa. Demà al matí et tornaré a veure i et portaré menjar.

—El pare Berenguer de Foix? —vaig demanar jo, amb el cor que se m'anava candint, abans de quedar-me definitivament sol en aquella cel·la petita on només llucava un jaç de palla i unes mantes en un racó i una gerra en un altre—. El frare que és amic del Cec de Cabrera..., quan el podré veure? Li direu que sóc aquí?

—No hi pateixis. Reposa. Dorm. El pare Berenguer de Foix no és al monestir.

—Voleu dir que és en un altre convent? Que ens hem equivocat...?

—El pare Berenguer viu en una ermita perduda enmig de les muntanyes, tot sol. Fa vida d'ermità. Baixa al monestir molt de tant en tant, gairebé mai, es pot dir. Ja fa temps que va escollir aquesta mena de vida, més mortificada.

—Jo l'haig de veure...!

—Calma't! Si ell vol, ja el veuràs. Li comunicarem la nova de la teva arribada per mitjà d'un colom. Per això et dic: estigues tranquil uns quants dies i espera, que tot arribarà.

El monjo deixà el llaüt repenjat a la paret. Mentre tancava la porta de la cel·la amb clau, digué:

—Quan el pare Berenguer de Foix ens hagi explicat ben clarament qui ets i què hem de fer amb tu, la teva sort potser canviarà. Mentrestant, aquesta cel·la és el lloc més segur per a tu... i per a nosaltres. Sigues bon minyó.

La cel·la era fosca. Per trobar el jaç vaig haver de posar les mans a la paret i vaig trobar la pedra humida, llefiscosa. Després, ja ajaçat i abrigat amb les mantes, vaig tornar a tocar la pared i la vaig tornar a trobar humida. El terra era humit només a la part propera a les parets, però no al mig. Per les juntures de les pedres sortia un filet d'aigua. Gairebé no es notava, era com un pessigolleig a la punta dels dits.

12 *El fadristern*

NO SÉ si vaig dormir molt o poc, però la dormida va fer-me un gran bé. Després de la galopada a la gropa del cavall robat, el jaç va semblar-me el llit més tou del món. I les parets humides de la cel·la, passat el primer moment de sorpresa, no van preocupar-me gens ni em van fer perdre un minut de son.

Va despertar-me el grinyol del forrellat de la porta que algú obria. Vaig alçar el cap per veure qui era. Dues escletxes molt primes al sostre il·luminaven la cel·la. Eren dues línies de llum esmorteïda, com si una reixa o unes canyes barressin l'entrada del sol. Era difícil, amb aquella llum, saber si era el matí o la tarda. Les parets, sense cap finestra, supuraven aigua.

Va entrar el monjo vell i espatllut que la nit passada havia vist a la porta del monestir. Sense dir res, va deixar-me un plat de sopa i un mos de pa i formatge al costat de la gerra d'aigua.

—Quan podré sortir d'aquí? —vaig demanar jo, sense aixecar-me.

El vellet em mirà tot sorprès, com si no se li hagués acudit que jo podia dir alguna cosa. Tenia els ulls apagats però amables.

—Per què em teniu presoner i em tracteu com un bandit?

El vellet es posà el dit als llavis i somrigué. Sense dir cap paraula tancà la porta, passà el forrellat i s'allunyà.

Després de menjar una mica, vaig provar d'enfilar-me per

la paret per veure si podia arribar a les escletxes del sostre i mirar a fora, però les pedres humides em feien relliscar i les juntures eren poc fondes i no m'hi podia arrapinyar bé.

Passava el temps amb el llaüt, recordant les cançons que cantàvem amb el Cec de Cabrera i provant de treure'n de noves. A vegades, per les escletxes queien uns granets de sorra, o bé algun obstacle les mig tapava, i la cel·la es tornava fosca, se sentia una remor, uns crits llunyans, però de seguida la llum entrava altre cop i el silenci tornava.

Una de les cançons que ara més recordava, tot i que abans, quan era lliure, no li veia la gràcia, l'havia compost temps enrere una altíssima dama de Barcelona, de nom Clementina, i deia:

De no cantar
jo m'entristia:
per mi és el cant
tal com el pa
de cada dia.

Tenia raó el Cec de Cabrera quan deia que gairebé sempre, per entendre bé les cançons, i trobar-hi tota la gràcia, hi hem d'afegir els nostres pensaments, la nostra experiència, les nostres alegries i tristeses.

El vellet silenciós em portava una mica de menjar i beure dos o tres cops cada dia. Una de les vegades que entrà a la cel·la, m'atrapà que cantava acompanyant-me amb el llaüt. L'home es quedà parat, escoltant, immòbil fins que vaig haver acabat. Era una cançó trista, com el lloc on se m'havia acudit. Feia:

CANÇÓ TRISTA

Qui em té reclòs
Què no daria
un cop de vent

no sap què és desconsol,
per un raig de sol,
i el cant d'un rossinyol.

Jo que he passat la vida pels camins
i m'he fet home lliure de confins,
qui he tant ofès que em tenen ací dins?

Ai!, trist de mi, l'enyor que em fa cantar
no venç la fosca ni enderrocarà
els aspres murs que em priven de volar.

Però la veu és el company fidel
que a l'hora amarga m'encomana el zel
per viure en pau i amb l'esperit rebel.

Cantaré, doncs, sense temor del risc
de perdre aquesta vida que no visc,
car en la veu aleno i sobrevisc.

El monjo somrigué. Era un somriure misteriós, i jo no vaig saber si volia dir que li havia agradat o no. Però abans de tancar la porta, en anar-se'n, va fer un gest amb la mà, com si em digués que continués i que fes més música i més cançons.

Al cap de dos dies i mig, quan feia poca estona que m'havia despertat, no gaire endavant del matí, doncs, i quan estava amb el llaüt als braços, vaig sentir una veu tota estranya que deia:

—Ets l'Ocell de Foc, tu?

La porta era tancada i no s'havia sentit cap soroll pel corredor. La veu semblava venir de l'altre costat de la paret però, a la vegada, era molt pròxima.

—No temis res —digué la veu—. Avui al vespre marxen els teus enemics i el monestir quedarà lliure de gentota. Demà, segurament, et deixaran sortir. T'he descobert per la música. Jo també voldria ser joglar, però em volen fer ser bisbe.

Era una veu infantil, ara ho notava, una veu de noi, una mica enrogallada i trencadissa.

—Em dic Arnau de Rocablanca i tornaré a portar-te notí-

cies així que pugui. Després de missa, si pot ser, i si no, abans de vespres. Me'n vaig, que ve el Rossinyol i m'enxamparia. Adéu...!

Jo m'havia aixecat, i era tot orelles. Havia aclucat els ulls per fixar tota l'atenció en les paraules misterioses. Quan vaig sentir que se n'anava, vaig cridar, tot sobtat:

—No te'n vagis...! On ets...? Com saps el meu nom...?

Em van caure uns grans de sorra al cap i aleshores vaig comprendre que l'Arnau, l'amic inconegut, m'havia parlat des d'una de les escletxes del sostre i que jo, en la meva excitació i perquè la llum d'aquella hora primera del matí no queia de ple sobre les escletxes i no es notaven les ombres, no me n'havia adonat.

Les paraules del qui semblava el meu nou aliat m'emplenaren el cos de formigues que no paraven de resseguirme de cap a peus. Era l'alegria, o l'esperança o l'excitació, però jo ho sentia com un eixam d'abelles que em volessin pel pit.

Vaig intentar, altre cop, i altre cop en va, d'arribar al sostre per veure què hi havia més enllà de les dues obertures estretíssimes que feien de respirall. Aquest cop, però, vaig endevinar que les ombres que de primer m'havien semblat reixes o canyes, eren fulles d'alguna planta, com uns branquillons d'heura.

No vaig poder fer res de bo en tot el sant dia. El vellet espatllut em mirà tot sorprès en veure el llit abandonat a la paret, però no digué ni piu.

Al vespre, quan ja no entrava una volva de llum a la cel·la, la veu misteriosa es tornà a sentir:

—Ocell! Ocell! —digué com per despertar-me, però sense cridar—. Em sents?

—Sí. Ets l'Arnau?

Jo m'havia alçat i posat de puntetes i tenia el coll ben estirat, com si volgués tocar el sostre amb el nas.

—Quines notícies em portes? —vaig demanar-li.

—Te'n porto un feix —la veu era alegre—. La més grossa

de totes és que el comte de Provença, Ramon Berenguer, que té onze anys, dos i mig més que el nostre rei En Jaume, i que era amb ell al castell de Montsó, sota la guarda dels frares del Temple, s'ha escapat. Els homes de Provença li enviaren un missatge en què li deien que, un dia assenyalat, vindrien a Salou en una galera i el traurien amagadament del castell de Montsó, i que se n'anirien amb ell fins a Provença. I tal com va ser pensat per ells, s'ha acomplert. L'endemà, en fer-se fosc, es va escapar del castell amb el mestre que l'educava i amb dos escuders seus; i van caminar de nit i van passar més enllà de Lleida, disfressats, i durant l'altra nit se'n van anar a Salou. I es van embarcar en la galera i se'n van anar a Provença per ajudar els seus vassalls que lluiten contra els francesos.

—Què més? —jo volia que em donés noves sobre la meva situació.

—Quan els frares del castell han vist que el comte de Provença ha fugit sense fer-los-ho saber, han comprès que a En Jaume tampoc no li agradava d'estar-se a Montsó. Perquè En Jaume ha començat a enviar missatgers als cavallers i faccions del seu partit perquè vagin a Montsó, que en vol sortir de totes passades. Però al comte Don Sanç li ha sabut molt de greu tot això, s'ha volgut apoderar d'Aragó, perquè homes d'Aragó van ajudar a fugir l'infant Ramon Berenguer, i ha promès que tanta terra com s'alçaria a favor de l'altre infant, En Jaume, ell la cobriria tota de drap de color vermell.

—Com saps tu totes aquestes coses?

—El meu pare és el comte de Rocablanca, i enemic de l'infant En Jaume. Aquests dies era aquí al monestir, amb tot d'altres cavallers de la seva facció, i han comentat amb l'abat i els monjos els fets que t'he dit. Han aprofitat per descansar del viatge que fan cap al castell del gran senyor de Casserres, per deixar-hi el meu germà gran, que servirà el gran senyor de patge i d'escuder. El meu germà és l'hereu i ha d'aprendre l'ofici de la guerra. Viurà a Casserres una colla d'anys, fins que l'armin cavaller. Com que també s'han aturat al monestir per veure'm, i he passat alguna estona amb ells, entre el que he pescat de les converses dels grans i el que m'ha contat el meu germà, ho sé tot.

—El teu pare és enemic de l'infant...?

—Sí, però jo vaig a favor del rei En Jaume. He decidit de fer tot el revés del que faci el meu pare, així com ell fa tot el contrari del que vull jo. Jo no volia ser monjo, i aquí em tens, perquè sóc el fadristern, cantant amb la meva veu esquerdada al cor de l'església dos o tres cops cada dia i estudiant llatí per entendre els llibres i parlar amb els savis. I el Rossinyol, que és el monjo que ens ensenya, ens clava cada cop de canya a la mà si no sabem totes les paraules llatines! Tinc els dits ben botits, jo! El fill gran, ja se sap, l'hereu, comte o vescomte i cavaller, i el segon, abat o bisbe. Però jo no m'hi avinc i m'escaparé, tal com ha fet el comte de Provença, tal com farà l'infant En Jaume...

—Com saps el meu nom?

—Demà tornaré. Ara haig d'anar-me'n; si no, em descobriran.

—Un moment, només: saps si el pare Berenguer de Foix ha acudit al monestir o ha fet arribar algun missatge per a mi?

—Només sé que el colom que li van enviar quan tu vas arribar no ha tornat, i això és molt estrany. Però no hi passis ànsia, que tot sortirà bé. Ens escaparem junts!

—Arnau!

—No puc entretenir-me! Encara no en tens prou, de notícies? Les campanes toquen a vespres! Adéu!

—Han parlat de mi, els cavallers i el teu pare, en les seves converses amb els monjos i l'abat?

—Sí, per això conec el teu nom. Tothom et coneix, pel que es veu. Però els monjos són molt murris i no han dit a ningú que et tenen guardat aquí, sota el claustre, vora el pou. Jo sol ho he descobert!

—Arnau...!

—Res més. Adéu!

El coll em feia mal i els genolls em punyien. La cel·la era

ben fosca. No trigaria gaire a presentar-se el monjo mut amb el plat i la gerra. Ja començava a acostumar-me a la foscor i a endevinar les hores. Vaig estirar-me al jaç i vaig començar a pensar en tot el que l'Arnau m'havia dit.

Passaven les hores i el vellet no venia. Era estrany. Ara que ja coneixia el costum del monestir, canviaven l'hora del sopar. O potser s'havien oblidat de mi. Era molt tard, prop de la mitjanit o ja passada. Si el vellet no em portava res, no podria dormir, no pas perquè la gana me n'impedís, sinó per la preocupació i el trencament de la rutina. Però més entrada la nit, el forrellat grinyolà, s'obrí la porta i aparegueren el vellet i el monjo barbut i galtavermell que féu tractes amb en Roc Destraler, acabats d'arribar al monestir. El monjo vell portava a la mà un llum d'oli i l'altre un vestit fosc. El vellet somreia, feliç. L'altre monjo m'allargà el vestit i em digué:

—Té. Posa't aquest hàbit i segueix-nos. No tinguis por. Ja ha passat el perill.

13 *El monjo mut*

VAIG FER el que em deien i al cap de poca estona em trobava assegut a la taula del refectori, amb tot de plats de vianda al davant, i jo sol per engolir-los. Els dos monjos que m'havien tret de la cel·la m'animaven a menjar, atents al meu costat, molt obsequiosos, però a mi m'havia passat la gana.

Mirava de reüll el menjador ample i quiet, ple de taules llargues i desertes, totes parades. Al mig del refectori hi havia una taula més bonica, circular, amb una cadira a darrere més alta que les altres i tota plena d'escuts gravats a la fusta. La paret, al seu darrere, també era plena d'escuts pintats i de sants de tots colors i de paraules llatines que no vaig entendre. Tot plegat era com una capelleta, com una mena d'altar.

—És el lloc del pare abat —m'explicà el monjo galtavermell—; i aquella trona que veus a l'altre cantó és per al lector que llegeix als àpats.

El monjo mut somreia i assenyalava els plats, amb complaença.

—Atipa't, que no has passat uns dies gaire bons —m'animava el monjo alt—. És una petita col·lació que el cuiner t'ha preparat especialment: un parell de perdius amb malvasia de Sitges i una dotzena d'ous amb sucre i canyella...

Vaig fer un esforç i el rostre dels dos clergues s'il·luminà d'alegria.

—Dormiràs a la sala dels escolans i a partir de demà al matí faràs la seva vida, com un escolà més.

Jo vaig fer un gest d'estranyesa. Semblava com si els monjos se'm volguessin quedar al monestir. Jo recordava que el Cec de Cabrera m'havia dit que en Berenguer de Foix m'ajudaria a fer-me un home i el millor joglar del món. El monjo que s'havia fet ermità també m'havia d'explicar qui era jo, les històries del foc i dels cremats, les dues creus al vestit i tots els misteris. Com podien ensenyar-me a ser un home fort com un roure aquells monjos espatlluts, flacs i macilents? M'escaparia amb l'Arnau i correria pels boscos com en Roc Destraler fins a esdevenir un bandit ferotge, pelut i amb una força de deu cavalls.

—Si estudies força podràs arribar a trobador: redactaràs la lletra de les teves poesies i compondràs la música amb la qual aquestes poesies seran difoses per mitjà del cant dels joglars. Necessites una formació acuradíssima!

—El Cec m'ensenyà tot el que he de saber per guanyar-me les garrofes amb el llaüt. Nosaltres també som poetes, sense tants estudis!

El monjo galtavermell va fer una magarrufa. El vellet ens deixava dir, divertit.

—Ui! —exclamà mig ofès el barbut. I puntualitzà, doctoral, amb veu de predicot:— El nom de poeta és reservat a aquells que componen en llatí. Trobadors són els autors de poesies cultes en llengua vulgar.

Aquest cop no vaig replicar. Ja preveia que m'esperaven dies magres. Vaig tornar a pensar en l'Arnau. Sort d'ell! Quan el veuria? De moment faria el que els monjos em diguessin per pelut que fos. No volia tornar a la cel·la resclosida. I mentrestant esperaria notícies de l'amic del Cec, aquell Berenguer de Foix que no donava senyals de vida. Si la cosa s'allargava, però, fugiria amb l'Arnau. Cantaríem les lloances d'En Jaume i prepararíem la gent perquè l'estimés i l'ajudés a desfer-se dels seus enemics. També cantaríem el sirventès contra el vescomte bandoler. I la cançó trista. I totes les que anirien sortint. Com podien ensenyar-me a ser el millor joglar del món aquells monjos que no sabien cantar, ni tocar la viola, ni ballar ni fer jocs de mans? Jo, em pensava, era un joglar d'aquells que ja neixen ferits i saben veure l'encantament de les coses més ordinàries sense necessitat de mestres que els ensenyin a primfilar els mots i esmolar les rimes. Però m'equivocava de mig a mig.

Quan no vaig poder menjar més, els dos monjos m'acompanyaren al dormitori. Era una sala gran, plena de màrfegues i a cada màrfega, un noi ben adormit. El llaüt, per consell del monjo garlaire, el guardàrem a la sala de música. Els meus guies s'acomiadaren i em deixaren a les fosques, al costat del lloc on havia de gitar-me.

L'endemà, a trenc d'alba, em despertà un esquellerinc que brandava un monjo nou, molt jove; un novici, vaig saber després. La sorpresa fou quan el noi que dormia al meu costat, em mirà, tot deixondint-se i exclamà:

—Ocell de Foc!

Era un vailet més baix que jo, semblava de la mateixa edat, prim però fort, amb cara d'espavilat i una mica ros i cargolat de cabells.

—Arnau! —vaig fer jo. Amb aquella veu de grill només podia ser ell. Riguérem tots dos i ens donàrem empentes, contents. Els altres nois, una vintena, ens miraven estranyats, mentre es vestien.

—D'on ha sortit aquest? —demanà un bordegàs de cara de lluna i cos de mantega, amb una veueta d'àngel que semblava un rajolí de plata.

—Calla tu, Careta de Lluna! —li ventà l'Arnau—. És el meu amic, l'Ocell de Foc, un joglar famós per totes les comarques.

—I com ha arribat aquí? Per art de nigromància? —rigué un xicotot alt i cepat, amb veu fonda, de soterrani. Era el noi més closcat de la colla.

—Us he dit que és un joglar habilíssim —etzibà el meu defensor—, i ja sabeu que els joglars són també prestidigitadors. Apareixen i desapareixen quan volen. Aquesta nit ha aparegut aquí, una altra nit desapareixerà amb la mateixa senzillesa. I és possible que jo desaparegui amb ell. Ja ho saps, Bastaix de la Riba.

Tots vestíem igual, el mateix hàbit fosc. Jo me'l vaig posar sobre la roba que portava, la dels camins. I la bossa d'or ben lligada a la cintura.

El monjo galtavermell entrà al dormitori, quan estàvem tots arreglats, i digué:

—Escolans, ja heu vist que aquesta nit ha arribat un nou company. Estarà sempre amb vosaltres. Els seus pares són uns senyors de Provença, uns molt fins senyors de Provença, i volen que el seu fill Aicart s'eduqui aquí amb nosaltres, lluny de la guerra i les desgràcies que assolen aquella terra germana. Aicart viurà al monestir fins que la pau torni a regnar al país veí.

Jo em pensava que parlava d'un altre noi. Però com que tots els escolans em miraven, vaig comprendre que aquell Aicart era jo.

—L'Arnau ens ha dit que era un joglar molt conegut, i que li deien l'Ocell de Foc —espià en Careta de Lluna.

—Llengua d'escorpí! —li llençà en veu baixa el meu amic—. Veueta de monja! Gripau! Espieta! La guitza que rebràs quan el Rossinyol sigui fora!

—Un joglar molt conegut! —rigué el monjo, tot tremolant, i preguntà al noi gras:— Tu el coneixies?

—No... —féu en Careta de Lluna, tot confós—. Jo... no...

—I doncs, home? No veus que es tracta d'una de les bromes de l'Arnau! No et deixis ensibornar per aquest talòs de l'Arnau! Aquesta veu de cassola, aquesta veu de gall dindi, que només sap inventar falòrnies, però no sabrà mai, mai, mai, distingir un do sostingut d'un si bemoll!

El monjo s'havia posat nerviós. Ordenà:

—Tots al cor, a cantar matines!

Mentre els escolans passaven la porta, agafà l'Arnau pel coll i li digué:

—Tu, mala pell, espera'm a la sagristia!

I després, es girà cap a mi, i em demanà:

—Espera't. Vull parlar-te.

Quan vam estar sols, el monjo barbut em digué:

—Ahir no vam pensar a advertir-te. No convé que ningú d'aquí sàpiga que anaves amb la colla del Cec de Cabrera. El Cec i alguns altres que anaven amb ell són a la presó del Castell de Peguera. El vescomte ha descobert que el Cec era un missatger dels nobles occitans: la seva missió era la de demanar ajut —armes o diners— als senyors d'aquesta terra, per lluitar contra els francesos. El vescomte, que és molt rigorós, els ha aplicat turment i ells han confessat els seus serveis a la causa dels nostres veïns. A tu et busquen com a membre de la colla, i potser per més coses que no sabem. Però el pare abat, benigne, no vol lliurar-te als teus enemics fins a haver oït el parer de l'ermità Berenguer de Foix, que era amic del Cec de Cabrera temps ha, i és possible que sàpiga qui ets i com vas anar a parar a la colla del Cec.

—Si el pare abat vol protegir-me dels meus perseguidors, com és que m'ha tingut tants dies a la cel·la humida, com si fos un malfactor?

—El monestir era ple d'hostes quan vàreu arribar tu i el mal llamp d'en Roc Destraler. Els hostes eren cavallers principals, amics del vescomte de Peguera, que estan en contra dels nobles que afavoreixen la ràpida arribada al poder de l'infant En Jaume. Un altre dels càrrecs que fan al Cec i a la seva colla és que predisposa la gent, per mitjà de cançons i rondalles, al retorn del nen que és a Montsó. La cel·la era el millor refugi per a tu.

—Per què heu triat aquest nom, Aicart, per a mi? —el cor em botava al pit en fer aquesta pregunta perquè recordava el nom d'Aicart de Carcassona, el més gran trobador de tots aquests temps, segons deia el Cec, i per l'amistat del qual, per no voler dir el lloc on s'amagava, els francesos l'havien torturat fins a deixar-lo cec, el meu mestre.

—Un nom com un altre... —el monjo féu cara de distret—. Un nom comú entre els trobadors de llengua d'oc.

—Penseu que jo pugui venir de trobador provençal?

—Jo no sé res —l'home s'havia posat nerviós—. Hem escollit Aicart, com haguérem pogut agafar Ponç, Guiu o Matafaluga. El Cec i la seva colla són d'aquella terra. És probable que tu també en siguis. Els monjos, però, no fem res més que agombolar tots els hostes que truquen a les portes del monestir, perquè així ho mana la nostra regla.

—Per què vau pagar un preu per mi al lladre que em va portar a la vostra porta?

—Perquè ell ho exigia. Era l'única manera de poder-te ajudar.

—No podeu deixar-me lliure? Ja m'espavilaré tot sol. No vull l'ajut que em doneu. Només necessito el meu llaüt.

—T'estaràs aquí almenys fins que en Berenguer de Foix hagi aparegut.

—Trigarà gaire?

—El colom ja hauria d'haver portat una resposta. N'hi hem enviat dos més i no n'ha tornat cap. Demà sortiran dos monjos i arribaran a l'ermita de la muntanya per veure què ha passat.

El monjo sortí del dormitori i m'ordenà:

—I ara vés amb els altres a l'església. Jo vaig a estirar les orelles al dimoni de l'Arnau, que a tot arreu fica el nas i tot ho esbotza. És un manefla que acabarà malament. Una altra indiscreció con aquesta i passarà mig any a la cuina o treballant les vinyes amb els serfs del monestir.

Quan a l'hora d'esmorzar comparegué l'Arnau, portava les orelles roges i els ulls botits. Es va asseure al meu costat i amb la boca mig tancada i el cap cot em va dir:

—Ocell, hem de preparar el vol. Jo no em vull florir en aquesta santa casa, estudiant tres anys la gramàtica i després quatre anys l'aritmètica, la geometria, els astres i la música. I després les lleis i més coses encara... Aquí tot és resar i estudiar i jo vull córrer i lluitar. Estic a punt de descobrir un passadís secret...

Me'l vaig mirar, animat. Ell no aixecava el cap del bol de llet que tenia al davant i no em mirava. Si movia una mica els llavis i les barres semblava que mengés. Els escolans menjàvem en unes taules una mica apartades de les dels monjos. El pare abat era un home corpulent, panxut, ple de creus. Quan passava, tothom inclinava el cap en reverència. Ningú no seia ni s'alçava de taula sense el seu permís. Un monjo, a dalt de la trona, llegia amb una cantarella delicada un llibre en llatí i tots l'escoltàvem en silenci, mentre esmorzàvem.

—Ja fa dies que hi vaig al darrere —seguí l'Arnau— i no trigaré gaire a trobar-lo. Va ser tot cercant el passadís secret que vaig descobrir la cel·la humida.

—On porta el passadís?

—Ha de portar a fora el monestir, passat el riu, lluny de les cases dels serfs i els criats. Faré de joglar, com tu, ofici que m'agrada, o si no serveixo perquè no arribi a aprendre mai a cantar bé ni canviï aquesta veuota rovellada que tinc, em faré passar pel meu germà tercer, que el pare vol enviar a provar fortuna en la croada contra els moros del sud d'Espanya. Al germà tercer no li ve de gust, i en canvi té una veu d'àngel i vol aprendre a llegir i a escriure com un clergue: doncs ens canviarem, si convé. Jo seré ell, i ell serà jo. Com que viurem lluny del Castell de Rocablanca, ningú no coneixerà l'enganyifa.

—Encara tens més germans?

—Tinc dues germanes més, de sis i quatre anys. Com que són nenes no han d'aprendre res. I ja les han promeses en casament als hereus dels castells veïns. Tu no tens cap germà?

Abans que jo pogués respondre, el Rossinyol s'havia acostat pel darrere del meu amic i li ventà un clatellot tan ben donat que l'Arnau amorrà la cara al bol de llet i la vessà tota.

—Silenci! —cridà el monjo barbut—. Has desobeït la regla del silenci al menjador i ja són massa entremaliadures en un sol dia. Què dic en un sol dia, en unes poques hores del dia! T'has fet massa amic del nou escolà i això no m'agrada:

a partir d'ara et separaràs d'ell i no et vull veure més al seu costat. Menjaràs sol, jugaràs sol, estudiaràs sol i dormiràs tot sol, fins que et vegi més entenimentat i obedient.

Així vaig veure'm allunyat, a partir d'aquell moment, i per la meva causa, de l'Arnau de Rocablanca, l'única persona que m'animava en aquell casalot, on tot eren corredors, escales, sales, portes i més portes.

Un parell de dies més tard, el Rossinyol va dir-me, tot sortint del cor:

—Els dos monjos que van anar a l'ermita a trobar en Berenguer de Foix ja han tornat.

Jo el vaig mirar amb ànsia:

—Ha desaparegut. I els coloms, també. Però no et preocupis; a vegades els ermitans deixen l'ermita per uns quants dies per anar a cercar herbes remeieres o llocs de penitència més ignorats. Deixarem passar uns quants dies i després hi tornaran. Segur que el trobaran. No pot pas haver-se fos. El que em preocupa és la pèrdua dels coloms...

I se n'anà escales avall, tot consirós.

Coneixent que la meva estada seria llarga, si les coses no s'arreglaven, i tot semblava indicar el contrari, vaig decidir amagar la bossa d'or que traginava sempre al damunt i que m'engavanyava una mica, encara que ara, amb el meu vestit, era més fàcil dissimular-la.

Una nit, quan tots els companys dormien, vaig descosir una mica la màrfega i vaig fer un amagatall entre les palles per al meu tresor.

Ara dormia al costat d'en Careta de Lluna, que roncava com una truja. Apartat de l'Arnau, que encara estava castigat i dormia tot sol, a prop del dormitori dels novicis, no havia trobat cap més amic. Els altres escolans eren més petits o més grans que jo, i, sobretot, no ens aveníem gens. Semblaven molt feliços al monestir i cap d'ells no en volia sortir mai més, ni en mort ni en vida. L'únic que potser encara no hi estava decidit era el xicotot forçut a qui deien Bastaix de la Riba.

Les coses, però, no s'estaven quietes. Arribaven notícies, rumors, gent estranya que parlava amb l'abat en secret, de la guerra que els francesos encara menaven per Tolosa, Carcassona i Albí, i dels amics i enemics del rei En Jaume. L'Arnau s'haguera espavilat per saber-ho tot, fil per randa, però jo no sabia com fer-ho.

Un dia, quan passava tot distret pel davant de l'única sala del monestir on hi havia llar de foc per escalfar-se els monjos vells, vaig sentir una veu des de dins que em cridava:

—Ocell de Foc! Ocell de Foc!

Jo vaig entrar de seguida a la sala. Feia dies que no em sentia cridar pel meu nom. Assegut a la vora de la llar de foc hi havia una sola persona. Encara no era temps de fred fort, i els vells s'estimaven més el sol del jardí o l'hortet solellós que conreaven. Vaig acostar-me al monjo que m'havia cridat, tot sorprès en veure que era el vellet espatllut i somrient, a qui no havia sentit dir mai cap paraula. Jo el feia mut, i m'havia semblat observar que la resta del monestir també, perquè no li deien mai res i no esperaven d'ell cap paraula.

—Ocell de Foc —em digué el vell en veu baixa—. No pateixis. Estudia. Obeeix. Tingues paciència. No pensis a fugir. No facis cas del tarambana de l'Arnau...

Jo feia que sí amb el cap, una mica poruc.

—Sabràs guardar un secret? Puc confiar en tu?

—Sí...

I amb el cap, assentia.

—Si algun perill t'amenaça, vine'm a veure. Jo et protegiré. En Berenguer de Foix, sóc jo. No diguis res a ningú. Gairebé cap monjo de la comunitat no ho sap. Més endavant ja en parlarem. M'explicaràs tot el que has passat i jo et contaré tot el que vulguis. I ara, vés-te'n. No convé que et trobin en aquest lloc dels vells. I recorda que m'has promès guardar el secret. Ningú no ha de saber que t'he parlat: no et creurien.

14 *L'hora perfecta*

LA VIDA del monestir era rutinària, sempre les mateixes feines a les mateixes hores. Cada dia igual. Es feia difícil distingir el dilluns del divendres o del dimecres. El temps semblava que s'hagués aturat. Els diumenges i les festes solemnes es distingien perquè la missa era més llarga, cantàvem més salms i posaven vi als monjos a l'hora de dinar.

Vaig acabar acostumant-me a la monotonia d'aquelles parets i aquells jardins i vaig començar a trobar interessants les lliçons que els monjos ens donaven, sobretot les de música. El llatí, en canvi, m'era molt difícil i no arribava a entendre de què em serviria si jo no volia quedar-me de monjo al monestir, ni volia compondre cançons com les del clergue vagabund, sinó en la llengua que parlava la gent del poble. Però el mestre deia que si desconeixia el llatí no podria llegir mai els llibres que els savis antics ens havien deixat perquè quedés memòria de les meravelles que havien descobert.

L'Arnau, aïllat encara, trobà un dels seus enginys per poder parlar amb mi. Una nit, quan estava a punt d'adormir-me, vaig sentir una veu al meu darrere, com si algú em parlés des de l'altra banda del mur. Vaig incorporar-me i vaig aplicar l'orella a la paret. En el racó, on les dues parets es trobaven, la veu es distingia perfectament, com si baixés del sostre, seguint la línia dc la volta.

—Ocell —era la veu escardalenca, inconfusible de l'Arnau—. Si parles ben baix, amb els llavis tocant l'aresta de la volta, la teva veu seguirà tota la línea del creuer fins a arribar a l'aresta del pilar oposat, que és on sóc jo. Em sents? Contesta!

—Et sento molt bé. Com estàs, Arnau?

—Com vols que estigui? Fastiguejat i avorrit.

—Quan podràs tornar amb l'escolania?

—No ho sé. Aviat, em penso. El Rossinyol es creu que ja estic ben penedit i canviat, però no sé com he de canviar si ja estic bé com sóc, i em penso que la meva manera de ser no fa cap mal a ningú. Escolta, Ocell.

Jo mirava cap amunt, com si seguís les paraules. La volta era molt alta i la nau molt gran, tan gran, que l'havien dividida en compartiment per mitjà de fustes i cortines per ferne dos o tres dormitoris comuns. Mirava d'endevinar cap a quin indret s'havia ficat l'Arnau per trobar el seu invent.

—Digues.

—Comença a pensar què farem per aquests mons de Déu, fora del monestir, perquè ja he descobert el passadís secret.

—Sí? On ets, Arnau, des d'on em parles?

—Des de l'altra punta de la volta. Correspon al dormitori dels novicis, però tothom dorm i no m'ha vist ningú. No pateixis.

—No ets al llit?

—No —rigué l'Arnau—. Ni tan sols a la meva cambra. Estic a la cambra del costat, ja t'ho he dit, però no pateixis.

—Si et descobreixen et posaran una cadena i grillons i et faran treballar als conreus del monestir com un serf.

—Si em descobreixen, faré l'adormit, com si un malson m'hagués obligat a alçar-me com un somnàmbul.

—Te les penses totes!

—I tu pensa en la nostra fugida. Fins demà!

Era difícil d'apaivagar les ànsies de fugida de l'Arnau ara que havia descobert el camí. Gairebé cada nit era la mateixa cançó. Però jo no podia abandonar el monestir ara que havia trobat en Berenguer de Foix, i tampoc no podia explicar les meves raons a l'Arnau. L'hivern fou una bona excusa, rigorós com es presentava, per ajornar els nostres projectes de fugida fins que tornés el bon temps.

No s'havia presentat cap més ocasió per parlar amb el vell monjo amic del Cec de Cabrera. Si de cas ens topàvem pels corredors, jo amb escolans o ell amb altres monjos, que al convent n'hi havia més de dos-cents, el vell silenciós em somreia significativament i prou. L'Arnau, com sempre, amb les seves xafarderies m'aclarí una mica el misteri del monjo mut. Es veu que el vell no feia gaires anys que havia arribat al monestir, encara que sí els suficients perquè els novicis el prenguessin per un dels més antics de la casa i els altres monjos gairebé no es recordessin de la data de la seva arribada. Es deia que en la seva vida anterior el vell fou un trobador dels més famosos a banda i banda dels Pirineus, amic de reis i grans senyors. Però alguna cosa, algun fet inconegut, el desencantà del món i de les seves cançons i un dia arribà al monestir i demanà permís a l'abat per restar-hi, disposat a acabar humilment la seva vida. Mentre tingué la vista bona es dedicà a copiar llibres a mà, i a dibuixar miniatures plenes de colors als encapçalaments dels fulls de pell d'ovella o de vedell. I el dia de la seva admissió al convent féu la prometença de no dir mai més cap paraula ni de fer sonar cap més música, per allunyar-se de tota vanitat, i per respecte al seu ofici de joventut.

—I el seu nom? —demanava jo a l'Arnau—. Quin és el seu nom?

—No el sap ningú. El monjo mut, li diuen.

—Però quan arribà al convent bé en devia tenir, de nom!

—Si alguna vegada van conèixer el nom que portava, l'han ben oblidat.

—I els ermitans escapats per la muntanya, qui els coneix? Com es diuen?

—Quina fal·lera amb els noms! El mateix voldria saber jo dels ermitans: qui són?, com es diuen?... No comprens que per això s'allunyen del monestir, per evitar la curiositat de la gent i poder-se dedicar amb intensitat als seus afers?

Pels volts de Nadal, quan el fred es féu més viu i els arbres del jardí i dels boscos semblaven morts, les pedres envellides i blanques de gebre, i les aigües del riu i les fonts aturades en el glaç, es produïren dos fets molt importants per a mi.

El primer esdeveniment fou que l'Arnau pogué tornar a viure amb la colla dels escolans. Arribà del seu llarg exili amb les mans, les orelles i els peus farcits de penellons. Passava la nit gratant-se per alleujar la picor que li feien.

—Em sembla que véns carregat de puces i no de penellons! —reia en Careta de Lluna, divertit.

—Calla tu, bufeta de sèu, bufeta de llard, meix! No saps fer res més que riure't de les sofrences dels altres!

—No has canviat, oh, Arnau del dimoni, amb tant de temps de tenir-te apartat de les persones, a pa i aigua, per veure si feies servir el magí d'una vegada, que si no se't rovellarà.

—No; no he canviat, ni canviaré, teixó, que tens el magí al ventre, tu, i només penses a afartar-te bé, per a això sols et serveix la closca.

L'Arnau trobà que els orins eren una bona medicina per al seu mal. Tots els companys es reien del remei:

—Porcassàs! Quin fàstic!

Així aconseguí que ningú no volgués estar mai al seu costat i ens deixessin tranquils per perfeccionar el nostre projecte d'evasió.

El segon esdeveniment fou que el monjo mut decidí, després de tants anys i amb el permís de l'abat, de tornar a parlar, només unes poques hores cada dia, dedicades a ensinistrar-me en les regles de trobar.

Començà a ensenyar-me la gramàtica, com calia respectar el llenguatge. Si volia fer una cançó en provençal no convenia que hi barregés gallec ni sicilià, però podia posar-hi algun mot francès o català mentre aquell mot es digués a Provença o a les terres veïnes.

—El francès, el provençal, el gallec i el sicilià són les llengües més conreades pels trobadors. M'han dit que a la

mateixa cort de Castella canten en gallec perquè troben que sona millor que el seu castellà, massa seriós. I els trobadors catalans utilitzen el provençal o llengua d'oc...

—I com els entenen?

—Perquè el provençal és una llengua germana del català, com aquestes dues ho són de les altres abans esmentades. Totes elles procedeixen del llatí. Catalans i provençals són, a més, veïns i el seu llenguatge és molt similar, si bé no cal confondre'ls en una mateixa llengua.

—Jo vull compondre els meus versos tal com parlo...

—Pots escriure poemes en diverses llengües, com fan alguns. Tot ho aprendràs amb el temps.

Practicàvem el llaüt i fèiem les lliçons al *calidarium* o sala calenta a l'hora que tots els monjos eren a la feina. La majoria treballava en una sala del costat de la biblioteca, que anomenaven *scriptorium,* i copiaven llibres escrivint amb plomes d'oca al costat dels finestrals, i per no equivocar-se ni en una lletra dels manuscrits que copiaven, no deien ni una paraula i s'entenien per signes. El silenci era com el vestit del monestir, i com passa amb els vestits nous, al començament se'm feia una mica enutjós, però un cop m'hi vaig haver acostumat, el silenci fou per a mi com una segona pell.

El vell mestre s'inventà un mètode per fer-me aprendre més de pressa les lliçons. El mètode consistia que per cada lliçó ben apresa, el monjo em revelava un tros de la meva vida, des del meu naixement fins al dia que el Cec de Cabrera s'encarregà de la meva criança. Enllepolit per aquestes confessions vaig saber comptar en un tres i no res el nombre de síl·labes de cada vers sense la més petita infracció, i fer que els versos acabessin tots amb les mateixes vocals i consonants en una identitat absoluta, i combinar els versos i les rimes en estrofes i totes les regles necessàries per compondre cançons, sirventesos, balades i tot el repertori trobadoresc.

I així també vaig aprendre la meva història. El monjo vell

me la contà a trossos, no solament per fer-me glatir i estudiar més fort, sinó perquè d'aquesta manera, lentament exposada, la comprendria millor i no em sobtaria.

Era una història plena de guerra i de sang i no gaire clara. Molts dies em quedava assegut en un banc del claustre o del jardí i pensava en la revelació del vell mut. L'Arnau em tustava l'espatlla i em treia de les meves cabòries:

—Què fas aquí, tot sol? Si t'atrapa el Rossinyol et badarà el cap. Ja hauries de ser a taula. Et tocarà fer penitència per haver arribat tard.

—I tu?

—Jo tinc permís. He dit que em trobava malament.

—No tinc gana. Avui no em moc d'aquí. M'arrisco que el Rossinyol em badi el cap.

—Què et passa? Fa uns quants dies que et veig tot emmurriat. No et desdiràs del projecte de fugir així que comenci el bon temps? Quan t'ensenyi el passadís secret...! Em sembla que no et fa gaire il·lusió conèixer el camí que ens portarà lluny d'aquí... Jo no viuria, esperant el moment de veure'l, i tu no m'has demanat mai que te'l mostrés...

—Ja el veuré quan serà l'hora. Sé que tu ho prepararàs tot bé. Estic preocupat per altres problemes, ara...

—Ja m'ho pensava. No menges, no dorms, camines dret com un ciri i tens una cara groga com la cera...

—Arnau: no sé si podré ser joglar...

—Què dius ara?

—He sabut coses..., coses que m'obligaran a aprendre l'ofici de la guerra, en un castell, fins que m'armin cavaller si en sóc mereixedor.

—Victòria! —l'Arnau saltava d'alegria—. Serem dos. Mig joglars, mig guerrers. Em canviaré el nom, em faré passar pel meu germà tercer, i anirem a lluitar contra els sarraïns del sud... Jo combatré de nit i tu de dia, jo vestiré una armadura negra i tu una de tota blanca, i el meu cavall serà fosc i el teu clar com el sol. Ens diran «Els dos cavallers eterns» perquè no pararem mai de lluitar i així guanyarem tots els enemics. Tots dos portarem el nostre equip de combatents, a cavall i a peu, escuders, sergents, arquers, alabarders... Tots els amics i parents i vassalls fidels ens voldran acompanyar!

—El bo del cas és que cada vegada m'agrada més l'ofici de joglar...

—A mi també m'agradaria si no s'hagués d'estudiar tant! Per ser senyor d'un castell, en canvi, no cal saber cap lletra!

—I que cada cop m'hi trobo millor aquí...

—Què dius ara, bajanàs!

Vaig recitar a l'Arnau la darrera cançó que havia fet. Es deia *L'hora perfecta* i se m'havia acudit en una de les sortides que fèiem els escolans un cop cada quinze dies, pels boscos que voltaven el monestir. Assegut sobre una roca, mentre contemplava el paisatge que s'estenia davant meu, daurat pel sol, com un dels tapissos de seda brodats d'or i de teixits d'Orient que cobrien les parets de l'església del monestir, vaig tornar a sentir aquella ferida i aquell encantament que, segons el Cec de Cabrera, significa un moment ple de vida que recordes sempre més. La lluna és com un sol que ha perdut la perruca...

El moment i el paisatge eren com un món petit i perfecte, que jo podia agafar i guardar al lloc on tots arraconem les coses bones i les coses dolentes que vivim. Era el silenci, la llum roja del sol, el color viu dels arbres, l'aire que arribava fins a l'horitzó, ample i suau com un llençol de lli... El temps s'havia aturat i jo podia quedar-me tota la vida quiet, sobre la roca, de cara al paisatge.

—Estàs boig com un llum d'oli! Tu no pots quedar-te aquí. Tenim mil coses a fer per aquests mons de Déu. Ens esperen mil aventures. Aquí no passa mai res. Pensa en el Cec de Cabrera i els teus amics joglars, que confien en tu perquè els treguis de les urpes del vescomte de Peguera.

—És veritat! Però hi ha moments com aquest que t'he dit que em vénen temptacions de quedar-me.

—Cap fluix! Ni moments ni ximpleries! Jo també en passo, de moments així, que sembla que no toquis de peus a terra. Però és que jo estic enamorat.

—Ho dius de broma!

—Les meves germanes tenen sis i quatre anys i ja estan promeses. És clar que això és per raons de terres i diners. El castell ha d'engrandir-se. Però un cavaller o un joglar, com tu i jo, hem de tenir una dama per dedicar-li les nostres proeses i cantar la seva bellesa i dignitat.

—Com és la teva dama?

—És una noia com un ram. Quan et digui el seu nom quedaràs garratibat. He jurat ser el seu vassall i servir-la amb fidelitat tota la vida. L'he vista una sola vegada, i la seva imatge va segellar el meu cor de cera tendra per sempre més. Ella em va donar en penyora un mocadoret blau de seda que porto sempre sota la camisa, al damunt del cor. Jo, un ganivetet genovès, amb punta ben aguda, de mànec d'argent.

—Digue'm el seu nom. Qui és? La conec jo?

—Secret per secret. Jo et dic qui és i tu m'expliques aquestes coses que has sabut i que t'obligaran a armar-te cavaller i a fer la guerra i a deixar el llaüt i els paisatges i les hores massa perfectes.

—Fet! Ets el meu amic. Igualment t'ho hauria explicat.

—La meva dama és la filla del vescomte de Peguera!

—Bufa!

—I ara tu.

—No, espera, que veig el Rossinyol que ve a buscar-me amb un garrot a la mà. Escapa't. Aquesta nit xerrarem. Fins després!

15 *La treva*

—Es veu que jo vaig néixer a Carcassona, una ciutat de l'altra banda dels Pirineus, una fortalesa voltada d'una muralla sòlida amb trenta torres, veïna de Montpeller, de Tolosa, d'Albí, de Narbona, de Perpinyà, i capital de les terres pertanyents a Ramon Roger Trencavel, vescomte de Carcassona i de Besiers, una altra ciutat veïna.

—T'has après bé la lliçó...

—Calla i escolta.

L'Arnau escoltava estirat de bocaterrosa sobre la màrfega, amb els punys, l'un sobre l'altre, sota el mentó enlairant el cap. Per comprar el silenci d'en Careta de Lluna, que no volia deixar tornar l'Arnau al seu antic lloc, vora meu, i l'amenaçava d'espiar el canvi de llit al Rossinyol, l'Arnau i jo li havíem promès totes les fruites i llaminadures que ens toquessin en acabar la quaresma. La lluna era en el ple, blanca i bella, i entrava gran claredat per la finestra alta i petita del dormitori.

—Els Trencavel, vescomtes de Besiers i de Carcassona, les terres dels quals s'estenen des dels Pirineus fins al riu Tarn, són vassalls, ells i les seves terres, del rei d'Aragó i del comte de Tolosa, Ramon VI. Quan jo vaig néixer, acabava d'esclatar la guerra contra els francesos i gent del nord que envaïen el país guiats per Simó de Montfort, un vassall del rei de França i antic croat a Terra Santa. En una de les batalles d'aquesta guerra, la batalla de Muret, moriria el rei d'Aragó Pere II, en defensa dels seus súbdits.

»La raó per la qual Simó de Montfort portava la guerra a unes terres cristianes que no atacaven ningú, unes terres pacífiques i bones veïnes, terres de trobadors i de mercaders, el principal senyor de les quals, el comte de Tolosa, Ramon VI, era cosí del rei de França i cunyat dels d'Aragó i d'Anglaterra, era que en aquestes terres de llengua d'oc s'havia escampat una heretgia, que és un error molt greu sobre la doctrina d'amor que ens ensenyà Nostre Senyor. La guerra encara no ha acabat, hi ha només una treva, una pau convinguda entre les parts contendents per veure si poden arreglar el conflicte de manera menys terrible.

»El papa de Roma és l'encarregat de conservar ben exacta aquesta doctrina d'amor a Crist. Els heretges creuen i fan creure errors, amb bona fe moltes vegades. L'error dels albigesos, que així es diuen aquests heretges perquè Albí és una de les ciutats on més abunden, i també els diuen càtars, que vol dir purs, consisteix a considerar com a dolent tot allò que és material, sensible, que podem tocar i veure, fins i tot el sol i els astres. Per això no mengen mai aliments d'origen animal, ni llet ni ous ni mantega. No porten mai armes, ni per defensar-se, i això els fa amables. Els seus sacerdots es diuen *perfectes o purs,* i fan molts dejunis i prèdiques i quan arriba l'hora de la mort d'algun creient el bategen si ha procurat imitar-los, posant-li les mans sobre el cap, per assegurar la seva salvació. I porten un hàbit amb una creu a cada cantó, l'una blanca i l'altra negra perquè la seva doctrina ensenya que dues forces lluiten per senyorejar el món: el bé i el mal. El més greu, però, és que desfiguren o neguen els principals punts de la doctrina que vetlla el papa.

»El papa va enviar representants i predicadors per convèncer els albigesos del seu error. Però molts sacerdots cristians eren ganduls i ignorants i donaven més fum que llum, i ningú no es convencia. Vivien plegats cristians i albigesos i s'estimaven i es respectaven.

»Un representant del papa, Pere de Castellnou, havia volgut reunir en una lliga tots els senyors de Llenguadoc perquè perseguissin els heretges. Però el comte de Tolosa, Ramon VI, no va voler associar-s'hi perquè els càtars, encara que equivocats, eren els seus vassalls i ell els devia protecció i ajuda, tal com el seu sobirà, el rei d'Aragó, Pere II, de qui al seu torn era vassall, li'n devia a ell. Així s'ho havien jurat sobre els Evangelis en una cerimònia solemne que els lligava. El papa, i en nom seu Pere de Castellnou, podia trencar aquest lligam. Aquest trencament, que no solament deixa lliure el vassall d'incomplir les obligacions convingudes amb el senyor, sinó que de més a més el separa de la comunió de l'Església, és l'excomunió i l'entredit. L'excomunicat no pot rebre els sagraments ni ser enterrat en lloc sagrat, com si fos moro o jueu. El regne en entredit vol dir lliurar les terres a qualsevol príncep catòlic que vulgui conquerir-les. I el legat Pere de Castellnou va excomunicar el comte de Tolosa i va llançar l'entredit sobre les seves terres i el va maleir: "Qui us prengui les terres farà bé, qui us bastonegi a mort serà beneït!"

»Però un escuder del comte de Tolosa, encara que no se sap del cert, va assassinar d'un cop de llança el legat Pere de Castellnou. I aleshores el papa, Innocenci III, va predicar una croada contra els heretges, "pitjors que els sarraïns".

»Els joglars francesos feien propaganda perquè els cavallers del nord es cosissin una creu roja al pit i acudissin a l'exèrcit de Simó de Montfort. Cantaven:

Que el qui no acudeixi
no begui més vi,
ni mengi a la taula
vespre ni matí,
i que no es vesteixi
de cànem ni lli,
quan emmalalteixi
que el deixin morir!

»Hi van acudir croats d'Alemanya i de Flandes, gent de

llenguatge dur, banderes i armes de tots els països, cavalls de totes races, guarniments de tots colors. Els croats s'engatjaven per quaranta dies i, a part del botí que podien aconseguir si guanyaven, els seus béns eren declarats intocables mentre lluitaven, ningú no els podia reclamar els deutes i molts pecats els eren perdonats. Molts penitents que havien fet vot d'anar a Terra Santa a lluitar contra els sarraïns, van acudir a aquesta altra croada menys llunyana per escapar d'una obligació més forta. D'altres van prendre part en la croada contra els albigesos per quedar-se les terres i les riqueses dels heretges i dels barons que els ajudaven perquè eren els seus vassalls.

»Veient el perill, el mateix Ramon VI de Tolosa es va vestir de croat i va prometre de combatre l'heretgia. El rei Pere II i Ramon Roger Trencavel van acudir a Montpeller, terra d'Aragó, per convèncer l'exèrcit ferotge de Simó de Montfort. El vescomte de Besiers i de Carcassona, Ramon Roger Trencavel, era molt jove, vint-i-dos o vint-i-tres anys, però de res li van valer les súpliques. El rei Pere el Catòlic no pot fer res, per ara. I els croats avancen cap a Besiers, una ciutat sense fortificacions. En pocs dies la destrueixen tota i degollen la majoria dels defensors. Abans de començar la matança, els croats demanen als veïns que redactin una llista de conciutadans heretges, per així conèixer quins han de ser fortament castigats, però els habitants de Besiers s'hi neguen i així moren tots, cristians i càtars. «Mateu-los tots, Déu ja reconeixerà els bons!», criden els capitostos.

»El vescomte Trencavel es refugia a Carcassona, la capital de les trenta torres, i prepara la resistència. Els trobadors i joglars ataquen l'exèrcit que s'acosta amb sirventesos i cançons. Criden: "Els croats són tan ferotges que és impossible que dintre del seu cos pugui trobar-s'hi una ànima creada pel Bon Déu!"

»Els habitants de fora vila es refugien a la ciutat emmurallada, amb tot el bestiar, tant el gros com el menut, espantats per l'avanç dels croats. Els vassalls del vescomte fan costat al seu senyor. Entre aquests vassalls hi ha els trobadors i joglars amics. Els més coneguts eren Berenguer de Foix, Aicart de Carcassona i el Cec de Cabrera, que aleshores portava un altre nom i no era cec. Però el trobador que gaudia de més prestigi era Aicart perquè a les festes de la cort, quan els trobadors es reunien per discutir en vers i demostrar el seu enginy, ell guanyava sempre. Per això Berenguer de Foix va decidir no pronunciar cap més paraula i retirar-se a pregar, donat que ningú no podia millorar les cançons d'Aicart.

»El dia primer d'agost els croats arriben a Carcassona. Els sapadors comencen a excavar sota les muralles per ferles caure. Els croats tallen l'aigua que entra a la ciutat i l'estiu sec i calent porta més enemics per als assetjats: la set, la pudor i les mosques. Ramon Roger Trencavel, el vescomte, vol evitar més desgràcies i al cap de quinze dies demana una treva als croats per veure si poden arreglar el conflicte de bé a bé. Els croats diuen que deixaran sortir el vescomte i dotze altres cavallers que ell triï, i els respectaran la vida, a condició que deixin tots els habitants de la vila a mercè de l'exèrcit vencedor.

»—Això mai! —crida el vescomte, humiliat—. M'estimaria més que m'escorxessin de viu en viu!

»Ramon Roger Trencavel fa una contraproposta: que deixin sortir tots els ciutadans només amb la roba que portin i els respectin i ell mateix es lliurarà presoner als croats, com a penyora del compliment del pacte. I així el vescomte, jove i arrauxat, es va lliurar a l'enemic com a ostatge. La ciutat, sense cabdill, va capitular. I una multitud d'homes i dones, infants i malalts, gairebé nus, van abandonar la ciutat. Els croats no els deixaren endur ni els botons del vestit, canten els joglars.

»Molts d'aquests fugitius es van venir a refugiar a Catalunya, i entre ells, Berenguer de Foix. El Cec de Cabrera es va refugiar en un castell veí, el castell de Bram, i va seguir atacant els invasors amb sirventesos. Aicart havia mort en el setge i deixava un fill de poca edat, del seu mateix nom. El vescomte Trencavel, després de tres mesos de captiveri en una masmorra, moria de malaltia o emmetzinat, no se sap segur. Deixava també un hereu d'un parell d'anys més o menys, com el fill del trobador.

»Simó de Montfort, el cabdill dels croats, va ser elegit vescomte de Besiers i de Carcassona, i encara usurpa aquest lloc que no li pertoca.

»Tota aquesta història és vera —deia jo— i l'escampen els joglars i la fan bonica perquè la gent s'animi a ajudar el rei En Jaume, quan tingui edat i sigui l'hora, a venjar el seu pare, el rei Pere, mort a Muret, on va acudir per ajudar els seus vassalls quatre anys després de la presa de Carcassona.

Encara em quedaven algunes coses al pap però no vaig dir res més perquè l'Arnau queia rendit de son i la claror de l'alba esborrava la lluna.

—I tu qui ets, el fill del trobador o el fill del vescomte? —preguntà l'Arnau amb el cor adormit.

Jo no vaig respondre i l'Arnau es va adormir del tot.

16 *La dama negra*

L'ENDEMÀ al matí, així que el dring de la campaneta ens despertà, l'Arnau, mig endormiscat, em repetí la pregunta. Pero jo vaig fer l'empipat:

—No t'ho diré fins que paris més atenció a les meves explicacions. Toca-son!

—T'he escoltat tota la nit, amb un ull cluc i l'altre obert. No m'he perdut ni un pèl de la història del vescomte Trencavel. Però ja sé qui ets, no cal que m'ho diguis. Només t'ho demanava per curiositat. Vaig endevinar de seguida qui era el teu pare.

—Ah, sí? Mira, l'eixerit! Doncs t'enganyes de mig a mig, perquè encara falten uns punts per aclarir.

—Per exemple: com va perdre la vista el Cec de Cabrera?

—I més coses.

—Que no tenen res a veure amb el principal: tu ets el fill de Ramon Roger Trencavel, el vescomte assassinat pels croats de Simó de Montfort!

En Careta de Lluna em vingué a recordar el deute que havíem de pagar a l'acabament dels dejunis de quaresma.

—Es pot saber quina en porteu entre mans? —ens destorbà, tafaner—. Sempre esteu amb la xerrera als llavis.

—Si vols que complim el pacte, ficaràs el nas en un altre lloc. Cara de tabal i nas de tarota! —li etzibà l'Arnau.

En Careta de Lluna replicà, tot somrient:

—Sempre estem com gat i gos, i no dic com dos galls perquè podria semblar que nosaltres dos ens podem comparar. Em sembla més escaient dir gat i gos perquè així estableixo una diferència a favor meu. Els gossos no sou tan intel·ligents! Només sabeu bordar.

—I trencar-te la carcanada! Garota! Gata maula! Gat dels frares! Gat mesquer!...

L'Arnau, enfurismat, ja anava a escometre'l amb una guitza, quan el Bastaix de la Riba, que estava al costat de la porta, a punt de sortir, cridà:

—Nois: escolteu quin rebombori! Què passa?

Sortírem tots al corredor. De la porta del monestir, pujaven crits i soroll de cops i trencadissa. El Rossinyol ens portà de seguida cap a l'església i ens féu cantar a un o dos tons més alt que de costum.

A l'hora de dinar, en Roc Destraler i un altre home esllanguit i amb cara de desenterrat seien a la taula principal, al costat del pare abat i menjaven en silenci.

Des de l'altre cantó del menjador jo mirava fixament el lladre per si podia endevinar, per algun detall del seu rostre, si era per bé o per mal la seva arribada. Però en Roc, que vestia tan espellingat i brut com el desconegut que l'acompanyava, no aixecava els ulls del plat, com avergonyit davant la solemnitat del repàs.

Per sopar, els dos hostes seien al mateix lloc, amb vestits nous, humils però nets, i es mostraven igualment tímids.

El lector, des de la trona, interrompé la cantarella de la seva lectura llatina per aclarir una mica el misteri. Anuncià:

—Germans: es troben entre nosaltres dos vilatans del poble de Rocabruna, afranquit pel duc abans de la seva mort, ocorreguda fa pocs dies, sense deixar hereus. En aquests moments de desordre i manca d'autoritat al regne, mentre esperem la majoria del rei En Jaume i la intervenció del regent Sanç, el vescomte de Peguera vol sotmetre els vilatans al seu domini, com si l'antic senyor no els hagués alliberat i posat sota la tutela del rei En Jaume, com si fossin serfs i no ciutadans lliures, que viuen del comerç i del treball, en petites comunitats de teixidors. Han organitzat uns gremis que els protegeixen, i no volen cap més protecció que la del rei.

Tots els comensals, monjos i escolans, tenien la vista clavada en els dos homes lliures, els quals apareixien més aclaparats que mai. El lector seguia:

—El burg de Rocabruna es troba en un mal pas. Com a conseqüència de la guerra que assota el Llenguadoc, molts fugitius i refugiats del país veí han passat per la vila i han causat danys i malvestats. Un exèrcit de malalts i famolencs ha assolit Rocabruna i ha deixat darrere seu una plaga terrible: la pesta. Els vilatans de Rocabruna estan morint de pesta.

Els oients s'estremiren.

—La pesta negra! —comentà algú, amb terror.

—La plaga!

—Demà al matí ens reunirem a la sala capitular per decidir la manera d'ajudar la gent de Rocabruna. El vescomte de Peguera no vol ajudar-los ni a enterrar els morts, si abans aquests burgesos no tornen a la seva obediència, li reten homenatge, i renuncien a ser lliures. Com ens mana la nostra regla, hem acollit aquests dos hostes com si fossin el mateix Senyor Crist que ens demanés ajuda. Els soldats del vescomte de Peguera els han perseguit fins a l'entrada del monestir perquè volien impedir que arribessin a demanar el nostre auxili. Com és llei, en trobar-se en lloc sagrat, ningú no els pot fer cap mal. Que la pau inviolable de l'Església ens il·lumini i ens guiï vers aquests germans sofrents. Amén.

Aquella nit ens costà Déu i ajuda convèncer en Careta de Lluna perquè ens deixés el lloc com la nit passada per poder parlar tranquils. El convencé la paraula de l'Arnau de pispar una gerra o un garrafó de vi de dir missa per a ell tot sol, i que li seria lliurat l'endemà mateix, dia que tocava a l'Arnau i al Bastaix de la Riba d'ajudar la missa conventual i traficar per la sagristia.

—L'engatarem ben engatat —rigué l'Arnau per sota el nas—. Ha caigut a la trampa.

—No he pogut parlar amb en Roc Destraler... —a mi em preocupaven altres cabòries—. És molt estrany que es presenti com a ciutadà del burg de Rocabruna, i que els monjos el creguin, si gairebé tots el coneixem pel que és: un saltamarges.

—Demà parlarem amb ell.

—Com? No el deixen sol ni un moment. I nosaltres, tenim tot el sant dia el Rossinyol a sobre.

—Abans l'haguessis anomenat! Aquí el tenim, amb la seva candeleta, com un fantasma, fent la inspecció.

—Amaga el cap i ronca com fa en Careta de Lluna! Si en Careta no es tapa com tu, tindrem gresca!

L'Arnau s'entortolligà de peus i mans, cargolat com una serp, es tapà ben tapat amb la flassada i es posà a roncar. El Rossinyol mirava a cada cantó, sense dir res, inclinava una mica el cap per veure si dormíem i prou.

—Ja és fora! Ja pots sortir!

—Aquest capbussament a les profunditats de la màrfega m'ha fet venir una idea que pot ser bona, per facilitar la nostra fugida.

—En Roc deu saber alguna notícia del Cec, i de la Soldadera i del Cavaller Salvatge...

—No fas cas de les meves descobertes. A propòsit del Cec, anit no vas dir-me res de com va perdre els ulls.

—El vam deixar quan sortia de Carcassona amb la resta dels ciutadans, es refugiava a Bram, i es dedicava a insultar els croats amb els seus versos.

—Exacte.

—Doncs bé, Simó de Montfort, que havia començat a conquistar les terres i castells pròxims a Carcassona, va arribar poc temps després a Bram. En tres dies se'n va apoderar i va fer arrencar els ulls i tallar el nas i el llavi superior a tota la guarnició. A un dels soldats li va salvar un ull perquè pogués conduir els seus companys, un centenar, al castell veí, que veiessin què els esperava si no capitulaven.

—I el Cec?

—Al Cec, perquè pogués contar el càstig i espantar els defensors dels altres castells, només el van fer cec. Però ell no en parla mai, d'aquest fet. Va trobar uns joglars rodamons, el Cavaller Salvatge i la joglaressa Matilde, i tots plegats van decidir fer colla i refugiar-se a Catalunya. Més tard, l'Escarnidor d'Ocells, un traïdor al servei del vescomte bandoler, se'ls ajuntaria.

—I tu? Com vas anar a parar a la colla?

—Mort Aicart, el trobador, i la seva muller, els amics i en primer lloc el mateix Ramon Roger Trencavel van decidir encarregar-se del seu fill. Així com la cavalleria és una institució que fa germans d'armes tots els qui la professen, la poesia provençal agermana també els trobadors, acosta vassalls i senyors i no té compte de cap obscur i humil llinatge. Però quan també va morir Ramon Roger i el seu hereu, el petit Ramon Trencavel, es va trobar tan desemparat com el petit Aicart...

—Ramon Trencavel ets tu!

—Espera! La vídua de Ramon Roger va témer per la vida del seu fill, que quan sigui home ha de tornar a conquistar les terres usurpades per la força de Simó de Montfort. I els amics trobadors van imaginar un estratagema: canviar els dos nens i esperar que es fessin grans per reprendre la lluita. Així qualsevol atemptat que els enemics complotessin contra el petit Trencavel cauria sobre un fals petit Trencavel, i, arribada l'hora, un veritable Trencavel que s'hauria criat lluny dels perills, sota el nom d'Aicart de Carcassona o, encara més segur per enganyar els enemics, sota un nom de joglar...

—Ocell de Foc, per exemple...

—...sortiria valent, salvat de tot. Vaig ser posat sota la tutela del Cec de Cabrera, que abans de la desgràcia es deia Guiu de Cabrera, i que en aquells moments era refugiat al castell de Bram. Per portar-li el nen fins a Bram, sortiren la dida i un vell soldat fidel que els protegia. Quan arribaren a Bram, trobaren Guiu convertit en Cec, i l'horror de la guarnició malmesa. Aleshores la dida es convertí en la Soldadera o la joglaressa Matilde i el vell soldat en el Cavaller Salvatge, tot ben dissimulat. Catalunya era el millor lloc on trobar aixopluc. Ningú no ens reconeixeria. Quan fos hora de tornar, quan el país estigués a punt per continuar la guerra, enviarien un colom tacat de sang als castells i monestirs. Els amics, Berenguer de Foix per exemple, ja sabrien de què va i ens avisarien. Els enemics no en farien cas, només s'estranyarien de l'arribada d'un colom amb un missatge incomprensible, en parlarien amb tothom per treure'n l'entrellat i així nosaltres, que correríem d'un castell a un altre, sabríem que ja podíem tornar.

—Per tant, ja pots tornar a Carcassona! Quan vas dir-me que volies aprendre a guerrejar, vaig conèixer que eres Ramon Trencavel!

—No corris! Ho vaig pensar per si he de defensar el meu país.

—I no has de fer-ho?

—No és segur que jo sigui el fill de Ramon Roger. I també puc lluitar amb cançons, prou que ho saps.

—Què vols dir? El vell Berenguer de Foix no sap qui ets?

—No. Només la Soldadera, la dida, pot saber-ho.

—Com és això?

—La dida va treure el nen de Carcassona i el va portar a Bram, i de Bram pels camins, fins aquí.

—Però no has dit que van decidir canviar els dos nens?

—Van decidir inventar un estratagema per assegurar la vida del petit Trencavel. I si només haguessin anunciat el canvi, per fer-ho creure als enemics, i no l'haguessin portat a terme?

—On és ara l'altre nen, l'altre tu, sigui qui sigui?

—No ho sabem. Refugiat, amagat en algun lloc.

—Així resulta que no sabem si els dos nens són canviats, o no són canviats, és a dir, que no sabem qui és Ramon Trencavel ni qui és Aicart de Carcassona.

L'Arnau féu una rialleta de conill, tot divertit.

—Això és exactament el que volien aconseguir els qui van proposar l'estratagema. Ho entens, ara?

—I tant! I estant els dos ben separats i amagats, no hi ha manera que la llavor es perdi. Si perdeu la guerra no serà per manca d'enginy!

Abans d'adormir-se, l'Arnau digué:

—He fet una altra descoberta: tu no saps si ets tu o un altre i jo em vull canviar amb el meu germà tercer. Per això havíem de trobar-nos, cap dels dos serà ell mateix. Els cavallers sense nom! Els cavallers canviats! Si mai ens fan presoners, els vencedors alçaran la visera del casc, per veure qui som, i es trobaran amb una armadura buida!

A la missa conventual de l'endemà, els monjos anaven tan atabalats amb les noves de la pesta que infestava el poblet i per la reunió que havien de celebrar a la sala capitular, que l'Arnau pogué pispar amb facilitat un garrafó de vi bo i amagar-lo darrere un tapís del corredor, sobre una caixa, prop del dormitori.

En Roc Destraler i l'home flac continuaven al monestir, però fou impossible parlar-hi. Vaig demanar al monjo vell, el mestre Berenguer de Foix, que m'hi deixés parlar un moment, quatre paraules, només per demanar què sabia del Cec i de la colla. Però el vell em féu signe que no podia dir res i que havia d'acudir a la sala capitular, on es reunien tots els monjos professos, és a dir, els que s'havien obligat a restar al monestir tota la vida, per decidir junts les qüestions greus.

A l'hora de ficar-nos al llit, l'Arnau recuperà el vi i en féu donació a en Careta de Lluna.

—Paraula és paraula! —digué amb solemnitat.

En Careta de Lluna no s'ho acabava de creure.

—És vi del bo? De veritat? Gens aigualit? No n'has xerricat un glop i l'has batejat després?

Ja tenia el garrafó alçat, a punt de beure i encara desconfiava.

—Fa bona olor, té bon aspecte, però, no m'hi deus haver barrejat alguna porqueria? Quan penso com et curaves els penellons, m'esgarrifo!

—Pensa el que vulguis —reia l'Arnau, i els altres escolans observàvem, divertits—. Si vols ens el beurem nosaltres, jo el primer. Jo no gosava demanar-te'n perquè si has de convidar tothom, quan hi hàgim passat tots et quedaran només les escorrialles.

Tranquil·litzat, en Careta de Lluna es decidí a tastar el regal. Després d'una bona tirada, que li envermellí les galtes, els llavis i la punta del nas, féu petar la llengua, satisfet, i exclamà:

—Nois..., quin xarel·lo! Aquest vi té bon bocam! —I tornà a alçar el garrafó.

—Ep, tu, golafre! —cridàvem els companys, l'Arnau el primer—. No te l'acabis! En volem tastar un rajolí! No siguis egoista!

Però en Careta de Lluna, atiat pels nostres crits, s'amorrà al broc del recipient i començà a llançar cops de peu endavant per evitar que l'interrompéssim. El vi li vessava per les comissures de la boca i baixava coll avall com un regueró de sang.

—Quedaràs ben empastifat! —l'escridassàvem.

—Ben pitof, quedarà! —reia l'Arnau—. Si se'l vol acabar, que se l'acabi! Si no podem beure, riurem.

Quan el bevedor acabà el vi, deixà anar el garrafó a terra, sense esma. El pet del vidre en esmicolar-se ens esverà. Amb els ulls girats cap al sostre, i la parla vacil·lant, en Careta de Lluna, que no s'aguantava dret, cridà:

—Quina bevenda! No us penseu que no sàpiga el que em pesco! El vi, a mi, si té bon bevent, em deixa amb el cap més fresc i clar que mai. Us cantaré tot el Credo perquè veieu que aquesta mistela no m'ha fet perdre l'oremus.

I començà les primeres paraules del Credo amb una veu tan estentòria, que semblava capaç de rebentar els murs del monestir. Tots els escolans es precipitaren a tapar-li la boca amb les mans o amb coixins. El Bastaix de la Riba l'immobilitzà entre els braços mentre els altres li ficaven palla a la boca i deien:

—Calla, boig! Despertaràs tota la comunitat! Ja veig l'espelma del Rossinyol que s'acosta!

L'Arnau m'agafà per la mà i em digué a cau d'orella:

—Atenció! He armat tot aquest xarbascat per poder-nos escapar a veure el teu amic. Segueix-me! Ara és l'hora!

Pel corredor s'acostava una llum, i els escolans, espantats, deixaren l'embriac i correren a amagar-se al seu jaç. En Careta de Lluna, començà a estossegar i a cridar com si s'escanyés. Com que la sala era il·luminada només per la claror pàl·lida de la nit, la gent ensopegava amb els objectes, no trobava el seu lloc, queien els uns damunt els altres... i del silenci perfecte del monestir no en deixava ni un tros sencer.

L'Arnau i jo ens esmunyíem corredor avall, en direcció contrària a la llum que acudia al dormitori. Darrere la llum hi anava el Rossinyol, que cridava:

—Què passa? Què hi ha? Quina desgràcia ha ocorregut?...

L'Arnau m'estirava pel braç i em conduïa.

—Saps on dormen els dos hostes?

—Els hostes importants sempre dormen al mateix lloc. Recorda que el meu pare, el meu germà i tot el reguitzell de cavallers s'han allotjat al monestir.

—I com tornarem al domitori?

—Ni hi pensis ara. Direm que, esverats pels crits i el rebombori, vam sortir a demanar auxili, o a avisar el Rossinyol que en Careta de Lluna s'havia tornat boig.

L'Arnau coneixia els camins i verals del monestir com les ratlles de la seva mà. Amb molta prudència obrí la porta d'una cambra i jo vaig cridar des de l'entrada:

—Roc! Roc! Sóc jo, l'Ocell de Foc...

Era tot fosc. Oírem una remor de cossos que es bellugaven. I una veu vella que s'enfadava:

—Què hi ha? Qui és que crida? Què voleu...?

I una altra veu, una veu coneguda, que ens responia a la vegada a nosaltres i al vell esverat:

—No és res! Dormiu tranquil; no passa res. És el monjo que vetlla tota la nit que demana si necessitem alguna cosa. Vaig a dir-li que estem bé; dormiu.

La veu s'acostava a la porta, i un volum fosc es destacava.

En Roc Destraler, l'havia reconegut per la veu, sortí al corredor i tancà la porta de la cambra.

—Aquí no podem parlar. Seguiu-me! —digué l'Arnau.

Vam obeir sense dir res. El lloc on l'Arnau ens portà no podia ser millor. Era la cuina del monestir. Encara quedaven brases mig enceses i cendra viva a la llar.

—Aquí estarem bé.

Mentre l'Arnau feia reviscolar el foc, jo em mirava en Roc, que em somreia, amic, i pensava com s'havia amagrit i entristit en el temps que no ens vèiem.

—Què en saps, d'en Rasclet? I dels presoners del vescomte bandoler, què en saps? Com és que t'has presentat com a ciutadà de Rocabruna? On vius ara? —Jo l'assagetava a preguntes.

En Roc Destraler digué que portava notícies de tothom, però en lloc d'apaivagar la meva curiositat, començà a contar la història de la pesta que de cop i volta havia esclatat al poblet de Rocabruna, com a conseqüència, deia la gent, de la mala collita i dels aliments potinejats per les rates, i de l'exèrcit de refugiats famolencs que fugien de la guerra i ho empastifaven tot amb les malalties, els polls i les puces que portaven al damunt. La pesta era contagiosa i causava gran mortaldat en les persones i en els animals. Els empestats eren aïllats i quan morien s'havien de cremar la roba del llit i tot el que havien tocat, a vegades la casa sencera. I no hi havia res a fer. No es coneixia cap remei, ni la causa del mal...

Mentre en Roc ens explicava les coses tristes que havia vist a Rocabruna, jo pensava en la miniatura que havia pintat un monjo en un pergamí, i que representava una dama negra, alta i seca, amb una dalla a la mà i una llegenda a sota que deia: «En temps de guerra, la mort senyoreja la terra.»

Era terrible, pensava jo, que no hi hagués força al món capaç de vèncer el poder destructor de la mort. Per expressar l'amor el trobador podia escriure cançons, per mofar-se d'un pocavergonya podia fer un sirventès, per animar els soldats a la guerra podia compondre una cançó de croada, i per lamentar-se de la mort d'una persona hi havia el plany.

—No faré més cançons ni seré joglar —vaig dir, interrompent la narració d'en Roc Destraler—. Les cançons no poden res contra la mort.

—Què t'empatolles! —rondinà l'Arnau—. Seràs un guerrer, ja vam decidir-ho fa dies. Serem «Els cavallers eterns» o «Els cavallers canviats» o «Els cavallers sense nom», no te'n recordes? Però tu només penses en la música i les cançons, i això em fa arrufar el nas. Voldries fer una cançó de totes les coses que passen, fins i tot de la pesta que assota Rocabruna, n'estic segur.

—Una cançó que es diria «La dama negra» —vaig bromejar jo—, però no la faré perquè no serviria de res.

—Una cançó no serveix per a altra cosa que per alegrar o entristir els qui l'escolten —va dir en Roc Destraler.

—Jo volia ser joglar —comentà l'Arnau—, però faig veu de perola i no tinc cap per a la música ni gairebé per a les lletres. Amb tot i això, penso que sense belles cançons, ni colors, ni música, ni les coses sorprenents que fan els artistes, el món seria avorrit com un cementiri.

Jo no vaig dir res. Tenia un encantament que m'allunyava de la vora del foc on érem i em portava pels carrers pudents i bruts de Rocabruna, i una veu dintre meu em deia que no podia ser tanta desgràcia, que no podia ser, que no podia ser, i que jo havia de fer alguna cosa...

—Doncs faré un plany pels morts de la pesta! Servirà per recordar-los i serà com si no s'haguessin mort. O encara millor, escolteu aquesta «Escomesa a la mort» que he fet ara mateix i que servirà per no témer-la. La cantaré per riure'm de la por de morir. Escolteu:

Mort, senyora: aquí us espera,
acomplit, el meu destí.
Una vida a mig camí,
perquè la tasca és llarguera

i vós sou llesta a venir.
Però he fet la sementera
i ja he trascolat el vi.
Prenguem, doncs, per la drecera
i anem-hi amb passa lleugera,
si ja és hora de partir.

—Quan jo dic que tens el cap ple de vent! Vols ser joglar o cavaller? Quan acabaràs de decidir-te? Si esperes a saber de qui ets fill, et trobaràs voltat d'enemics i no sabràs com defensar-te.

—Volen cremar en Rasclet —digué en Roc Destraler, reprenet la narració dels fets.

Jo vaig tornar en mi al moment de sentir el nom del vell amic bruixot i vaig cridar:

—En Rasclet? Qui vol cremar-lo? Per què?

17 *El passadís secret*

—EN ELS PRIMERS MOMENTS de l'epidèmia, quan van caure els primers malalts, vam pensar que en Rasclet, amb les seves herbes remeieres i la seva ciència, ens podria ajudar.

—Parles com si visquessis a Rocabruna.

—Hi he viscut fins ara, amb el nom de Roger de l'Hostalric. Amb els diners que van donar-me els monjos d'aquest monestir quan et vaig portar aquí —el lladre em mirà amb recel però jo no vaig dir res—, ja fa un grapat de mesos, i amb el que tenia estaviat i el vestit nou que em feia semblar un vinater de debò, vaig trobar una pubilla a Rocabruna, una noia bella i llesta, filla d'un marxant i m'hi vaig casar. L'ofici de marxant em venia com l'anell al dit perquè, com sabeu, els marxants van pels pobles i masies a vendre les seves mercaderies, i jo ja estava fet a això de no parar mai, i d'aquesta manera evitava que algú em pogués reconèixer perquè m'allunyava dels llocs coneguts i quan tornava a casa, a Rocabruna, era negra nit i a les fosques ja no patia que algun foraster pogués descobrir la meva disfressa.

En Roc tancà un moment els ulls i somrigué. L'Arnau i jo ens preguntàvem cap on ens portaria la història del casament del lladre amb la filla del marxant.

—El pare de la Raquel era un ric marxant. Comerciava en tot: blat, teles, or. També deixava diners si els hi tornaven doblats o triplicats i més i tot. Era jueu, molt bon home, però em costà Déu i ajuda que em deixés casar amb la Raquel, perquè els jueus tenen lleis especials i viuen plegats en barris anomenats calls i es casen entre ells i no es fan gaire amb ningú més. Vaig tenir sort que no hi havia cap fadrí a Rocabruna ni per la rodalia, de l'edat de la Raquel, perquè el pare la volia casar amb un jueu o deixar-la per vestir sants. Però ella i jo ens vam agradar de seguida i el pare, si no de grat per força, va dir que sí, que em donava la filla, després de fer-me prometre mil coses. No vaig robar més, no en tenia cap necessitat, i era gairebé feliç. Entre els clients del meu sogre hi havia grans senyors, i el mateix vescomte de Peguera li ha manllevat no fa pas gaire un munt de diners perquè volia llogar soldats i aixecar un gran exèrcit...

—Un gran exèrcit? —L'Arnau obrí l'ull al moment.— Potser ens llogaria a nosaltres i tot! Quina aventura vol escometre el maleït vescomte? Segur que vol anar a guanyar terra de moros... Quina ocasió, si hi som a temps!

—És el meu enemic, Arnau, aquest vescomte bandoler!

—És el pare de la meva dama, la Carmesina del meu cor!

—Deixeu-vos de romanços i escolteu bé: gràcies a aquesta relació entre el meu sogre i el vescomte de Peguera, vaig saber notícies del Cec de Cabrera, la joglaressa Matilde, el Cavaller Salvatge, i l'Escarnidor d'Ocells. I notícies fresques del rei En Jaume. I fins i tot del francès Simó de Montfort...

—Comença pel Cec de Cabrera i els de la colla.

—El Cec, la Soldadera i el Cavaller Salvatge han passat tot aquest temps al soterrani del castell, tancats a les masmorres. El vescomte sospita que són partidaris del rei En Jaume, heretges escapats de Carcassona, i no vol que li esvalotin el galliner. Els botxins del castell els han tractat molt malament, però ells no han obert boca per dir qui ets tu, Ocell de Foc, ni on ets. El vescomte està convençut, pel que em va contar el meu sogre, que tu, Ocell, ets Ramon Trencavel, el fill del vescomte de Carcassona, i que els francesos pagarien sacs d'or per la teva pell. L'Escarnidor d'Ocells, però, que ha corregut mig món, amb mil disfresses i fent mil oficis diferents, sempre barrejat amb la gent els secrets de la qual vol descobrir, diu que a Tolosa, a París, a Roma i a Carcassona mateix corren notícies diferents sobre el jove Ramon Trencavel, i que tu series el fill d'un cèlebre joglar, Aicart de Carcassona, autor de violentes cançons contra els francesos rapinyaires.

—La dida, o sigui la joglaressa Matilde, ens traurà de dubtes —afegí l'Arnau—. Pel que conec, és l'única que sap de veritat qui és l'Ocell de Foc.

—Continua, Roc.

—Si això fos cert, vull dir que tu fossis el fill del cèlebre joglar, els francesos pagarien doble quantitat de sacs d'or per tallar-te la llengua i així poder estar segurs que el geni maldient del pare no passarà al fill, i que mai més ningú no els blasmarà tan rudement per la seva rapacitat de llops com ho va fer Aicart de Carcassona amb cançons que, un cop cantades i sabudes, viuen per sempre i ningú no pot parar. El vescomte de Peguera té proves de l'eficàcia d'aquesta arma que temen els francesos.

—Quina arma? —jo me n'anava al cel a cada paraula perquè no m'aguantava de son.

—La poesia! Quina altra arma vols que manegin els poetes? Al Castell de Peguera, i per tota la contrada, tothom canta un sirventès que va escampar un clergue vagabund, fins que va arribar a orelles del vescomte, el qual, enfurismat, va prometre que faria aplicar els més cruels turments a qui el tornés a cantar. El sirventès fa així:

Ai, vescomte de Peguera,
ple de mal i de quimera,
quina mort trista us espera
si de lladre feu carrera!

Vescomte caragirat,
feu de lladre d'amagat...

En Roc Destraler, en veu baixa, començà els primers versos, i jo vaig interrompre de seguida, contentíssim:

—Aquesta cançó la vaig compondre jo!

—Doncs ara la canten en secret tots els vassalls del vescomte bandoler! —rigué en Roc—. I com s'hi diverteixen! Els serveix d'arma i de bandera contra les vexacions que sofreixen. I com que ningú no sap qui l'ha inventada, sembla que tots en siguin una mica autors, perquè la canten pensant en les garrotades i humiliacions rebudes, i els més espavilats hi afegeixen versos i tot, amb nous penjaments.

—El clergue vagabund no va dir qui n'era l'autor? —Em sabia greu no participar de la glòria de la meva obra.

—Pobre! Prou feina va tenir a tocar el dos amb la cua entre les cames! El vescomte ha enviat l'Escarnidor d'Ocells disfressat de llenyataire pels camins a veure si el troba. Li vol fer pagar amb sang, una a una, totes les paraules de la cançó mofeta. I com que l'Escarnidor d'Ocells ja fa dies que roda pels camins, i ha canviat d'ofici i de disfressa deu o dotze cops sense resultat, el vescomte ha preparat una trampa per fer-hi caure el clergue burleta.

—Una trampa? —preguntàrem plegats l'Arnau i jo.

—Sí. Ha convocat un torneig de cavallers i joglars, una festa d'armes i poesia, amb grans premis per als guanyadors. La competició començarà el darrer dia de maig, és a dir, d'aquí a poc, i es presentaran a l'esplanada de davant del castell tots els cavallers i joglars que tinguin notícies de l'esdeveniment perquè els premis són importants i el vescomte els ha fet pregonar arreu. El vescomte està convençut que el clergue vagabund acudirà al torneig, mal sigui com a espectador, i espera atrapar-lo i aplicar-li un càstig exemplar.

—No m'agradaria pas deixar-m'ho perdre —rigué l'Arnau, amb murrieria—. Entre l'exèrcit que has dit que el vescomte bandoler prepara, i aquest torneig, em vénen ganes d'escapar-me ara mateix.

—Més ganes te'n vindran si et dic que el premi per al cavaller guanyador del torneig és la mà de la pubilla del castell, la bella Carmesina...

—Què dius, ara? Que t'has tornat boig...? —l'Arnau s'alçà d'una revolada com si l'hagués picat un escorpí.

—Dic el que sents.

—És una promesa falsa, com totes les que fa aquest maleït vescomte!

—Potser sí que farà el mateix amb la seva filla que el que sol fer amb els regals que surten de les seves mans: donar en públic el que després pren en secret. —Jo vaig recordar l'aventura del gipó d'ermini.

—El cas és que molts cavallers acudiran al castell amb l'esquer d'un premi tan cobejat com la Carmesina...

—No en parlem més, de la Carmesina —explotà l'Arnau—. Us asseguro que ningú no la tindrà, sinó jo.

—Parla, doncs, de les altres notícies —vaig insinuar jo, una mica preocupat amb l'enrabiada de l'Arnau.

El foc moria lentament i ningú no el feia reviscolar perquè la cuina era calenta i plena de fum i tots devíem pensar que aviat seria hora de tornar als respectius dormitoris. Els llecs i serfs que treballaven a la cuina es llevaven molt d'hora i podien atrapar-nos si badàvem.

—El cas és que per mitjà dels contactes del meu sogre amb el vescomte bandoler he sabut un parell de fets que aviat s'escamparan per tot el país. Segur que els monjos ja en saben alguna cosa.

—Però a nosaltres no ens diuen mai res del que passa fora del monestir —vaig queixar-me jo.

—El rei En Jaume, que deu tenir nou o deu anys només, s'ha escapat de Montsó ajudat pels seus amics i ara lluita per terres aragoneses contra els nobles indisciplinats i enemics. Un cavaller, el nom del qual ningú no recorda, va haver de deixar-li un vestit de malla de ferro, molt lleuger, perquè se'l posés, en el primer fet d'armes en el qual creien que hauria d'intervenir, ja que, en sortir a l'alba de Montsó i quan va arribar al pont on l'esperaven els amics, tots temien una batalla contra les forces dels nobles enemics que eren en un lloc veí. Però sortosament no va trobar oposició en tot el camí i va poder arribar fins a Osca i fins a Saragossa, després.

—I dius que lluita per terres d'Aragó? —l'Arnau havia oblidat la seva Carmesina.

—Quant de temps fa, doncs, que ha fugit dels templers de Montsó? —jo feia càlculs i no me'n sortia.

—Va marxar set mesos després que el seu company de reclusió, el comte de Provença. Ja deu fer un any que el rei En Jaume és fora, perquè al vescomte bandoler en fa ben bé mig que li balla pel cap la idea de llogar soldats amb els diners deixats pel meu sogre, per si les lluites amb els nobles es compliquen i té necessitat de defensar-se. Els nobles volten el rei jove i procuren dominar-lo. Els caps del desordre són a vegades els mateixos consellers reials, que el serveixen tan malament i tan falsament com poden. Alguns l'han ajudat a sortir de Montsó per aprofitar-se'n i breguen per arribar a ser el seu únic privat i conseller, perquè el rei no faci res si no és per consell seu. Les darreres notícies són que el rei En Jaume prepara a Osca una màquina de guerra per llançar pedres, dita trabuquet, amb la qual vol atacar el castell d'un noble que ha empresonat un amic seu sense desafiar-lo ni témer res, i li ha pres el castell i una vila i unes deu mil mesures de pa, a part del mal que ha fet als cristians i sarraïns de la vila robada. Tots els d'Aragó que n'estan assabentats tenen aquesta cosa per mal feta i el rei vol recobrar el noble presoner amb totes aquelles coses de què hom l'ha damnificat.

—Hem d'anar a lluitar amb el rei, Ocell! —cridava l'Arnau.

—Calla, boig! Despertaràs el Rossinyol i tot se n'anirà en orris.

—És tard —féu en Roc— i demà hem de tornar a Rocabruna, el meu company i jo, si ara no decidim una altra cosa.

—Has dit que també portaves notícies de Simó de Montfort —vaig demanar jo.

A la llar de foc ja només hi quedaven unes brases mig cobertes de cendra. Teníem els ulls rojos de son i de fum, i les cares i tots nosaltres ens havíem convertit en unes figures fosques, que es barrejaven amb la negror de la cuina.

—És la darrera notícia que va arribar al castell de Peguera, poc abans que es declarés la pesta de Rocabruna, i la mort s'emportés la meva dona, el meu sogre, i arruïnés la nova vida que amb tant d'amor havia començat a edificar. Un joglar va arribar al castell, en ocasió de l'estada del sogre per enllestir l'afer del préstec de diners per assoldar les tropes mercenàries de què ja hem parlat. El joglar cantava una cançó, que el sogre em va repetir en tornar a Rocabruna. Deia:

Montfort
és mort,
és mort,
és mort!
Visca Tolosa,
ciutat gloriosa
i poderosa.
Tornen la grandesa i l'honor!
Montfort
és mort,
és mort,
és mort!

En Roc Destraler continuà:

—Simó de Montfort va morir amb el cap esberlat d'un roc llençat per una dona, quan ja feia nou mesos que intentava entrar a la ciutat de Tolosa, reconquistada i defènsada pel vell comte i el seu fill, el jove Ramon VII, que havien tornat del seu exili i havien entrat d'amagat a Tolosa, la capital, ajudats per la boira que cobreix el riu Garona. Els seus vassalls, contava el joglar com si ho veiés, grans i petits, dames i barons, burgesos i burgeses, homes i dones s'agenollaven al seu davant i els besaven els vestits, els peus, les cames, els braços i les mans. I va començar de nou la lluita, i Tolosa, a la fi, va triomfar. L'hereu de Simó de Montfort, el cabdill dels croats, el seu fill Amaury de Montfort, fa enterrar el seu pare a Carcassona amb gran pompa i, amb l'ajut del rei Lluís de França, promet acabar l'obra de conquesta del Llenguadoc començada pel seu pare. Però el jove comte Ramon VII va reconquistant totes les terres que Simó i els croats li havien pres. Els cavallers amagats pels boscos tornen a combatre amb el seu senyor, els exiliats lluny del país, a Espanya sobretot, tornen a casa, i tothom parla del jove vescomte de Carcassona, Ramon Trencavel, que molt aviat acudirà a rescatar la seva ciutat, la desgraciada Carcassona...

L'Arnau, emocionat, m'estrenyé el braç en senyal de reconfort. Jo no podia dir res. En Roc, que, malgrat la fosca, notà que passava alguna cosa, s'interrompé i preguntà:

—Què teniu? Què passa? Esteu cansats? Acabem, doncs...

—No passa res —el tranquil·litzà l'Arnau—, però és tard i, ara que ens hem fet càrrec d'aquestes notícies tan importants que hem escoltat, tenim més ganes que mai de fugir d'aquí i d'anar a combatre al costat del rei En Jaume, del comte Ramon de Tolosa, o del vescomte de Carcassona, Ramon Trencavel...

—Què t'empatolles ara! —vaig fer jo per aturar l'Arnau, perquè quan es desbocava havia de frenar-lo—. No podem pas lluitar al mateix temps en tres camps diferents! I això que no hi compto l'esplanada del Castell de Peguera, on els cavallers contendran per obtenir la mà de Carmesina...

—És una llàstima que no puguem acudir amb les mans i els peus als llocs tan diferents on el cap ens crida al mateix temps!

—Bé —acabà en Roc—, penseu que en Rasclet està en perill, la gent de Rocabruna el volen cremar...

—Ja no me'n recordava...

—Tot ha començat per en Rasclet, que no conec, quan

deies que en els primers moments de l'epidèmia vàreu pensar que les seves herbes remeieres us podrien ajudar...

—És cert —reprengué en Roc Destraler—, la gent va anar al bosc a trobar-lo i a demanar-li ajut, però ell els va dir que no coneix cap remei, que no n'hi ha cap. El poble s'ho ha pres molt malament i han començat a acusar-lo de bruixot i de culpable de la pesta, d'haver empestat les aigües amb les seves potingues i provatures. I per això el volen castigar...

—I com és que els soldats del vescomte de Peguera us van perseguir, a tu i al teu company de Rocabruna, fins a les portes del monestir? —vaig demanar.

—En el moment més negre de la desgràcia, el vescomte va acudir al poble i, bandoler com és, va intentar de mercadejar la seva ajuda a canvi de l'obediència dels vilatans i de la donació d'una part dels seus béns. Jo no em vaig saber estar de clavar-li a la cara tot el mal que pensava d'ell. El meu odi dejú va sorprendre el vescomte i la comitiva de físics i barbers que l'acompanyava. Com que ja no em quedava ningú perquè la mort se m'havia endut tota la família, vaig descarar-me i li vaig cantar les quaranta davant de tothom. Vaig dir-li qui era jo, com des de petit havia conegut les seves malifetes, i que dels diners del meu sogre, ell no en tocaria ni un sou. El vescomte, roig d'ira, va dir que ja m'havia reconegut feia estona perquè la cicatriu que em parteix la cara és molt difícil de tapar per més que em deixi créixer el mostatxo i les patilles, i ordenà que m'agafessin i em lliguessin a la cua del seu cavall i continuaríem parlant de negocis pel camí de retorn al castell. Però ningú no va obeir les ordres del vescomte. La bona gent de Rocabruna em va deixar escapar, i fins i tot un veí escardalenc em va acompanyar en la fugida. La gent ens animava amb crits, quan els pocs soldats que formaven l'escorta del vescomte van rebre l'ordre de perseguir-nos. Resulta que el veí escardalenc havia rebut l'encàrrec del poble d'arribar al monestir i demanar auxili.

—Què va decidir el monestir a la sala capitular?

—Que demà sortirà un grup de monjos entesos en malures i remeis que ajudarà la gent de Rocabruna en el que pugui, i un altre grup que anirà a veure el vescomte de Peguera per demanar-li que deixi en pau els vilatans.

—I en Rasclet?

—Els monjos proposaran, si encara el troben viu, que sigui sotmès a una prova que escateixi si és culpable o innocent.

—Qui pot saber-ho del cert, això?

—Només Déu pot saber-ho. Per això proposaran que el jutgi Déu mateix, i que demostri la seva culpabilitat o innocència amb un senyal ben clar...

—Ja n'he sentit a parlar, d'aquests judicis, i ho trobo espantós: fan caminar l'acusat per damunt d'un camí ple de brases i ferros roents i si en surt indemne vol dir que és innocent, si sofreix dany és que és culpable.

—Exacte. També en diuen ordalies. En Rasclet, però, és innocent... —en Roc somreia—, i molt enginyós. Qualsevol cosa és millor que la foguera i la ira del poble. La qüestió és guanyar temps i deixar que passi la maltempsada.

—Tu et quedaràs aquí o aniràs amb ells?

—El vescomte vol la meva pell i serà millor que m'escapi sol pels boscos...

L'Arnau, que feia estona que no obria boca, s'alçà tot d'una i digué:

—Ha arribat l'hora de fer servir el passadís secret!

—Què dius tu ara?

—Jo no puc quedar-me al monestir sabent com sé que la meva Carmesina està en perill. Haig de ser al torneig que celebraran a l'esplanada del Castell de Peguera i menjar-me tots els cavallers que em vulguin fer ombra. Tu, Ocell, has d'acudir a les presons del castell per ajudar els teus amics, el Cec de Cabrera i la seva colla, i perquè la Soldadera et tregui de dubtes i sàpigues per fi qui ets i quin ofici vols agafar: les armes o les lletres. I tu, Roc, ens ajudaràs a combatre contra el vescomte bandoler, perquè si no te'l treus del damunt el tindràs tota la vida al darrere com el gos que encalça una llebre...

—I perquè tinc ganes de tornar a casa, a les cavallerisses del castell, i curar el temps i la tristesa que hauran arrugat la cara de la meva mare, i sentir l'escalf de l'estable i l'olor de les parets i la palla i l'alfals, com quan era un minyó, sobretot ara que he perdut la Raquel i la llar de Rocabruna..., la meva única llar...

La veu d'en Roc Destraler es fongué, amarada de nostàlgia.

—Sento soroll! —ens alertà l'Arnau—. Els galls canten ja fa estona, i el sol punteja. Atenció!

Tots tres ens acostàrem a la porta de la cuina. L'Arnau tragué el cap a fora per inspeccionar el corredor.

—Els monjos ja es lleven. Hem d'escampar la boira si no volem que ens atrapin aquí. Quedem ben entesos per si no ens podem veure més: el darrer dia de maig ens trobarem tots tres a l'esplanada del Castell de Peguera. I fes-me un favor: vés al Castell de Rocablanca, on viuen els meus pares i germans, i digues al meu germà tercer que ha arribat l'hora. Només això: que ja ha arribat l'hora. Ell ja sabrà què cal fer. És el germà tercer, que fa veu d'àngel i vol aprendre a llegir i a escriure i per això el meu pare li té tírria. Si no pots anar-hi, fes-hi arribar el missatge, sobretot.

—T'ho prometo.

—Molta sort, doncs. Nosaltres ens escaparem pel passadís secret, que és al fons del pou. L'aigua que es veu des del brocal és la d'una tina enorme. Des de dalt sembla que tot sigui aigua, però jo vaig baixar-hi un dia perquè la cel·la sempre humida que serveix de calabós em feia malpensar, i vaig descobrir que el fons del pou és el cup del monestir, el soterrani on guarden les olives, el gra, el raïm, i on elaboren el vi i l'oli. Una gran tina d'aigua ben posada a sota del forat del pou fa creure que tot és aigua i serveix de respirador. El soterrani és ple de tines amb aigua o most i aparells per moldre les olives i recipients per trepitjar el raïm. Al fons del soterrani hi neix un doll d'aigua com el braç, que primer forma una bassa i humiteja totes les parets i després s'escapa fins a arribar al riu. Seguint el rierol es pot sortir secretament.

—Gràcies per la informació. No crec que, aquesta vegada, hagi d'escapar-me d'esquitllentes.

—Fins a l'esplanada del Castell de Peguera, doncs!

—Fins a la festa de la primavera, Roc! Amb armes i cançons vencerem!

—Vencerem, Ocell de Foc, no en dubtis! I si ens surt malament, no caurem pas sols, t'ho juro; n'aterrarem tants com puguem! Adéu-siau, amics! Sort i ventura!

18 *El Cavaller Deshabitat*

L'ENDEMÀ partiren el grup de monjos medicinaires cap a Rocabruna, acompanyats de l'home escardalenc. L'altre grup, el que havia de parlamentar amb el vescomte de Peguera, esperà la resposta d'un missatge que li havien tramès per mitjà d'un colom, on li demanaven audiència. La resposta no es féu esperar: arribà una carta dictada pel vescomte, segellada amb l'empremta del seu anell, escrita pel seu canceller, i lliurada a mà per un criat que arribà al monestir mig rebentat. La carta sorprengué molt perquè era del tenor següent:

«Huguet, per la permissió i voluntat de Déu vescomte de Peguera, conseller reial, vencedor de sarraïns i protector de totes les arts, a vosaltres, monjos del Monestir de Sant Fruitós, i especialment al pare abat, significo:

»Que per al darrer dia d'aquest mes de maig he convocat una festa d'armes i de cançons a l'esplanada del meu castell i espero que hi acudeixin i hi participin els cavallers que s'allotgen al monestir i els estudiants que obtinguin permís, amb les millors cançons que puguin compondre. I convoco i desafio a batalla a tota ultrança, cos per cos, amb armes defensives i ofensives i en camp clos, el cavaller conegut amb el malnom de Cavaller Deshabitat, que s'amaga al vostre monestir perquè no té prou valor, ni dret ni honor ni fama per anar tot sol pel món, i amb l'ajut de la vostra materna protecció comet les seves maldats i traïdories. Heu de saber que el Cavaller Deshabitat, deshonra de l'orde de cavalleria, ama la meva filla Carmesina, segons ella mateixa ha confessat, i ha fet secreta i solemne prometença de proclamar la seva bellesa i dignitat i dedicar-li els seus fets de guerra. La garantia del compliment d'aquest amor és un coltellet de plata que la meva filla guarda com un tresor, i que jo no vaig descobrir fins que ella me'l presentà per demostrar-me que no podia prometre la seva mà al cavaller vencedor del torneig de primavera, tal com he fet publicar. Però jo em veig obligat a complir el compromís anunciat, i no em faré enrere per un desconegut del qual la seva dama només coneix el motiu, el Cavaller Deshabitat, i l'amagatall, el vostre Monestir de Sant Fruitós. Ans al contrari, faig el vot de castigar públicament aquest cavaller misteriós i el requereixo a batalla i que mostri el seu rostre a la llum del sol, que torni el mocador blau de seda a la meva gentil Carmesina, de qui mai no l'havia d'haver gosat prendre, i un cop vençut en la lliça, jo donaré la meva filla al millor cavaller del torneig que seguirà.

»No cal que em respongueu la present, lliurada pel meu Timbaler, perquè quan ell torni sabré que l'haureu rebuda i llegida, i el dia de la festa, a l'esplanada del castell, veuré quina resposta porteu i escoltaré les vostres raons.

»Escrita de la mà del meu canceller i segellada amb el segell de les meves armes del Castell de Peguera a vint de maig, i posa aquí una creu perquè sóc cristià, però com que sóc noble, el meu deure és no deixar mai l'espasa i no aguantar mai cap ploma.»

La carta fou llegida al refectori, i causà general estupor.

—Amb bones paraules ens diu que no sap escriure perquè és noble.

—Això és una declaració de guerra! —deien els uns.

—És una lletra de batalla! —comentaven els altres.

—El vescomte s'ha tornat boig!

—Sempre ha estat una mica guillat!

L'Arnau no hi cabia de satisfacció: la pell li tibava.

—El Cavaller Deshabitat?

—És un invent de la Carmesina per no dir el meu nom. No ho entens?

—I què vol dir?

—Ella ho deu saber. És eixerida com una mostela.

—No diu el teu nom, però diu el lloc on habites. No ho entenc.

—Perquè d'aquesta manera em fa saber la noticía de la festa de la primavera, i que el vescomte ha descobert el nostre enamorament, i el perill que corre, sense descobrir-me. Ella no sabia que la notícia ja ens havia arribat per en Roc Destraler. Ho veus clar?

—Començo a llucar-hi. Però el nom...

—El Cavaller Deshabitat? M'agrada! No me'l trauré mai més.

—No hi veig el sentit...

—Quin sentit té Ocell de Foc? El foc no vola ni canta ni els ocells cremen.

—Però hi ha cançons que cremen com una flama.

—Ja l'hi veurem més endavant, el sentit. Del moment que ella m'anomena així, algun sentit hi deu trobar.

La comunitat es reuní a la sala capitular per escatir com havien de rebre aquell afront. La decisió presa no vaig saber-la fins que arribà al monestir el germà tercer de l'Arnau. La seva espera era l'única cosa que ens aturava d'escapar-nos pel passadís secret. Ara, amb el germà canviat, ja podíem guillar. Però hi havia una altra cosa, o persona, que em retenia, al monestir: el monjo mut, en Berenguer de Foix. No volia fugir sense veure'l una darrera vegada. I havia de complir totes les recomanacions del Cec de Cabrera: encara no havia donat al monjo mut la bossa d'or que guardava a la màrfega. Gràcies a ell vaig saber la reacció del monestir a la incomprensible carta del vescomte.

—Ets boig —s'enfurismà l'Arnau quan vaig dir-li que abans de fugir volia veure el monjo—. Estàs torrat. Ho engegaràs tot a rodar. Ens descobriran.

—No ens descobriran perquè no diré res. Només el vull veure un moment i prou.

—Em fa mala espina. Perdrem temps i el meu germà no

pot esperar més al soterrani humit i brut ple de rates. Dorm en un cup i no li podem tirar menjar pel pou perquè cauria a l'aigua de la tina...

L'Arnau vestia un hàbit morat de penitent llarg fins als peus, amb una caputxa que li tapava el cap i la cara no se li veia mai perquè anava sempre amb el mentó que li tocava al pit i les mans plegades a la cintura, sense dir ni mitja paraula a ningú. Havia demanat al Rossinyol que el deixés mortificar d'aquesta manera, amb el silenci i la humilitat, per purgar les passades bogeries i per vèncer les temptacions de noves ocasions de gresca i xerroteig que se li presentaven i en les quals no volia caure. El Rossinyol, admirat del canvi produït en el turbulent Arnau, hi accedí de seguida i comentà que allò no podia ser altra cosa que un miracle del cel.

—Més s'admirarà quan, passat el temps de penitència, s'adoni que també he canviat la veu, les ganes d'estudiar, el color del cabell i que sóc un altre, com el cuc de seda que es queda quiet una temporada, embolcallat en la seva clofolla, fins que surt tot d'una convertit en papallona.

—Sabrà fer el paperot el teu germà?

—Farà el que calgui per tal de quedar-se aquí, enmig dels llibres i els pergamins. És ben senzill el seu paper: callar i no deixar-se veure el nas. I quan el descobreixin, ja farà temps que qui sap on pararem tu i jo. D'aquesta manera no ens perseguiran. No se n'assabentaran ni els de casa.

—El teu germà farà veure que se'n va món enllà a cercar la bona estrella. I jo? A mi em trobaran a faltar i ens perseguiran.

—No ho crec. Es pensaran que t'ha robat algú o que has fugit cap a Carcassona i et faran pel Llenguadoc, a l'altra banda dels Pirineus. La qüestió és que no sospitaran que anem plegats i que no som gaire lluny d'aquí, de moment. I potser encara trobarem algun engany per dissimular la teva absència. Pensem alguna cosa: fer-te passar per malalt o per mort...

—Ho trobo massa gros!

—I massa arriscat. Bé, ja hi pensarem. Tot serà que el meu germà arribi aviat ara que ja he aconseguit la disfressa, i que en Roc Destraler li hagi explicat bé el lloc per on ha d'entrar al monestir sense que ningú el vegi.

—Com sabrem que ja ha arribat?

—Ell s'espavilarà! Que et penses que és un enze, el meu germà? Vol passar la vida enmig de llibrots llatins, però això no significa que no toqui de peus a terra.

El germà tercer entrà al monestir pel rierol que portava fins al soterrani on hi havia el cup, el molí d'oli i les tines plenes d'aigua. Un vespre, gairebé nit, que els escolans passàvem pel claustre, l'Arnau, que anava l'últim, sentí que una veueta que sortia del pou el cridava:

—Arnau! Arnau! Sóc jo, en Biel!

L'Arnau s'aturà. En Careta de Lluna, que no sabia avenir-se de la transformació de l'Arnau i per això no el deixava de petja, l'espiava constantment per veure si complia bé la prometença i esperava la primera falla del penitent per cridar ben alt que tot era una comèdia, també s'aturà i jo vaig fer el mateix.

—Què passa? —demanà l'espieta.

—Què vols que passi? —vaig fer jo.

—Per què s'ha aturat l'Arnau?

—Jo què sé! Pregunta-ho a ell.

—És inútil. No obre boca. Ha promès guardar silenci. Per mi que se'n pensa alguna. He sentit veus pels jardí, vora el pou. És molt estrany. Què pot ser?

—No he sentit res. Les orelles t'enganyen. Au, camina cap a dormir!

—M'enganyen tant com els ulls. Com si no us hagués vist l'altra nit, que hi va haver aquell terrabastall per culpa del vi que em va fer pujar al cap amb males arts aquest santet de cartró que tenim al costat. L'altra nit que vàreu tornar de no sé on quan ja era hora de llevar-se, tocaven matines. Vosaltres dos trameu alguna cosa. Us vaig veure perquè tenia el cap ben despert...

—Perquè ja havies dormit la mona!

Altre cop va tornar a sentir-se la veu, una mica més forta, des del pou:

—Arnau! Arnau! Sóc en Biel, que em moro de gana!

—Sentiu! Ara tornen a cridar! Avisem el Rossinyol! Potser és una aparició!

En Careta de Lluna ja corria a demanar ajut als escolans i monjos que ens acompanyaven i que estaven a punt de desaparèixer per la porta del fons del claustre. Però no va poder fer més d'un parell de passes perquè l'Arnau, sense dir res, li va fer una traveta i en Careta de Lluna va caure tan llarg i gros com era a terra amb un pataplaf que va retrunyir pels quatre cantons del claustre. L'Arnau es delligà immediatament el cordó amb borles que portava cenyit a la cintura i el passà per sota les aixelles del caigut, i després agafà els dos caps amb una mà i començà a estirar fort.

—Què fas? —vaig preguntar-li.

Arrossegava el cos d'en Careta de Lluna com un bot de vi, bocaterrosa, el cap una mica enlairat per les estrebades del cinyell, i sense piular perquè la patacada l'havia d'haver deixat mig estabornit.

—Té, agafa les regnes i no afluixis —em manà l'Arnau—. Jo vaig a veure en Bieló.

—I què en faig, d'aquesta paparra? On el porto?

—Deixa'l en algun racó, que no faci nosa.

Jo el vaig estirar un tros enllà, fins arribar en una caixa de fusta, amb pany i amb la tapa recoberta de pell, que feia també de banc. El bagul, d'esquena a la paret del claustre i al costat de la porta del menjador, servia per guardar-hi els davantals i els draps que els cuiners utilitzaven per fer neteja, servir el menjar, preparar les taules i portar plats i olles. Com a banc era el lloc preferit pel Rossinyol per seure-hi i meditar, al matí i al capvespre.

Mentre obria la caixa i alçava amb tota la força el cos d'en Careta de Lluna, aquest mormolà, encara amb el cap mig enterbolit:

—Què passa? Qui m'arrossega? On sóc?

—Calla i fica't a dins! I estigues quiet com mort, perquè si no tornarà a venir i si t'atrapa, aquest cop no en sortiràs viu.

—Qui vols dir? Què passa? Qui em persegueix?

La poca roba que hi havia a la caixa feia de coixí. Vaig entaforar-hi en Careta de Lluna, ara el cap, ara les cames doblegades, i el pobre inconscient hi quedà just, immòbil, com en un taüt.

—El Cavaller Deshabitat! —se m'acudí quan baixava la tapa sobre els ulls espantats i perduts d'en Careta de Lluna—. Ha passat pel claustre com una fúria i ho ha aterrat tot! S'ha endut l'Arnau i a tu t'ha tirat per terra. Aquells sorolls, aquelles fresses que senties, eren el Cavaller Deshabitat. Estigues quiet, dorm, perquè està a punt de tornar. Ja sento la fressa del vent que mou. És un cavaller invisible, com l'àngel amb una espasa de foc que va foragitar Adam i Eva del paradís terrestre. Si et crida, tu no responguis, no diguis res, quiet, que no et trobi. Jo vaig a demanar auxili. Ja et vindrem a treure si trobo algú, perquè em penso que el Cavaller Deshabitat s'ha endut mig monestir i n'ha baldat l'altra meitat.

Vaig tancar el pany i em vaig allunyar cap al pou, on hi havia l'Arnau i el seu germà tercer. En Biel ja s'havia amagat altre cop al soterrani. L'Arnau m'explicà:

—Demà farem el canvi. Tot està a punt. Ja li he explicat com ha d'actuar. També li he ensenyat on és el rebost perquè a mitjanit, quan tothom dormi, pugui arribar-s'hi i treure el ventre de penes. Estàs a punt?

Fou en aquell moment que vaig dir a l'Arnau que abans de fugir volia veure el monjo mut i ell s'enfurismà:

—Ets boig! Estàs torrat. Ho engegaràs tot a rodar. Ens descobriran.

Discutírem un moment, fins que vam veure el Rossinyol que sortia a passejar pel claustre i s'asseia a la caixa de tapa de pell, amb les mans a la falda i el cap enlaire, com si contemplés l'estelada.

Jo vaig tornar el cordó a l'Arnau, el qual se'l cenyí a la cintura, es cobrí el cap amb la caputxa, i pel cantó oposat al lloc on meditava el Rossinyol, ens escapolírem tots dos cap al dormitori.

L'Arnau es féu un tip de riure quan li vaig contar, ja ficats al llit, com m'havia desempallegat d'en Careta de Lluna. Acordàrem que l'endemà, a primera hora, jo aniria a veure el monjo mut i després, a la primera ocasió, cames ajudeu-nos. El Bastaix de la Riba i els altres escolans, estranyats, ens preguntaven per en Careta de Lluna, si sabíem on era, què li havia passat. Però l'Arnau arronsava les espatlles, i jo deia que no en sabia res, que m'havia entretingut a les escales per ajudar l'Arnau a pujar-les a genollons, un gran sacrifici.

—El Rossinyol estava molt amoïnat —digué el Bastaix de la Riba— perquè sempre falla algú. Tornarà a passar abans d'anar-se'n a dormir.

El Rossinyol, i d'altres monjos, tots cercaven en Careta de Lluna, amb espelmes i ciris, pels claustres i corredors, cridant-lo ben alt, sense que ningú respongués.

L'endemà de bon matí, com si m'hagués endevinat el pensament, el monjo mut em cridà a la sala calenta per parlar amb mi. Jo portava la bossa d'or ben lligada a la cintura i amagada, com temps enrere. Pensava dir que no la hi havia donada abans perquè m'havia costat molt de saber qui era Berenguer de Foix, i encara no n'estava ben segur.

El meu vell mestre m'explicà que a la sala capitular, els monjos havien decidit anar a veure el vescomte de Peguera, parlar amb ell i aclarir tot de coses, des de la situació de la gent de Rocabruna fins a l'acusació d'amagar al monestir un cavaller fantàstic. Però, com que la lletra de batalla del vescomte era una mica forta, els monjos volien tornar-li la bufetada i havien pensat que la millor manera de fer-li la llesca era anar al Castell de Peguera... i no anar-hi.

—Anar-hi i no anar-hi? —jo em vaig estranyar.

—Escolta bé —m'alliçonà el monjo mut—: anar-hi i no anar-hi vol dir anar al castell per un altre motiu que no sigui contestar-li la carta infamant, com si no hi anéssim expressament. És a dir, trobar una excusa per parlar amb el vescomte, sense dir-li res de la carta, com si no n'haguéssim fet cap cas. Aquesta actitud nostra enfurismarà el vescomte, li farà perdre els estreps, i a nosaltres ens donarà avantatge perquè podrem observar-lo serenament i contestar-li de la millor manera.

—Ja ho entenc. Voleu que sigui ell que enceti el primer la baralla.

—Com que és molt difícil de no barallar-s'hi, almenys que comenci ell. I tu ets l'excusa per anar al castell sense anar-hi.

—Jo?

—Tu, sí. El pare Benet de Girona i jo t'acompanyarem a la festa de la primavera, a l'esplanada del castell. T'he ensenyat tot el que sé. Podries aprendre moltes coses més, però crec que amb el que saps pots guanyar de sobres tots els joglars que es presentin.

—Voleu dir...?

—N'estic segur. Així ningú no sospitarà res. Jo sóc el mestre i vaig a la festa a veure com em fa quedar el meu deixeble. El pare Benet de Girona és un monjo jove que ens acompanya perquè jo sóc vell i estic malalt. I de passada, mirarem d'ajudar el meu amic el Cec de Cabrera, que fa anys i anys que no veig, des que portava un altre nom, Guiu de Cabrera es deia aleshores, vivia a Carcassona i no era cec...

—I la Soldadera, si podem parlar-hi, em dirà, per fi, qui sóc.

Llavors vaig dubtar un moment. Hi veia una dificultat:

—El vescomte em perseguia. Si ara jo mateix em poso a les seves mans...

—No direm pas que ets l'Ocell de Foc. Et direm un altre nom: Cercamón, per exemple, com un famós joglar de Provença. Has crescut i el vescomte no et coneix, no t'ha vist mai. A més, anant amb nosaltres, no s'atrevirà a fer-te res.

—No les tinc totes, tants treballs per fugir i encara he d'anar a raure a Peguera. Si ens passa alguna cosa...

—Què vols que passi?

—Moltes coses, poden passar!

—Au, vés, prepara el llaüt, que sembla que les venes em tornin a cremar, aquesta aventura em rejoveneix...

—Quan marxarem?

—Avui mateix. Aquest migdia.

L'Arnau es quedà amb un pam de boca oberta. Com ho arreglaríem?

—Ja està decidit —l'Arnau prengué la determinació—. Tu vés amb els monjos. Jo aniré tot sol.

—Els tractes eren uns altres. Havíem decidit d'anar junts. Tu tot sol, és diferent.

—Que et penses que se'm cruspiran viu les guilles o els senglars? Ens trobarem a l'esplanada del castell el darrer dia de maig. En Roc també hi serà. I ja veurem què passa.

—No et sap greu d'anar sol?

—Quan ens tornem a veure t'ho diré. Per ara et dic que d'aquesta manera no tindrem maldecaps. Ningú no ens perseguirà perquè jo deixaré aquí un altre jo, i trigaran temps a descobrir el canvi, si el descobreixen, i a tu..., ara sí que no haurem de dissimular la teva absència.

—I en Careta de Lluna?

—Aquest matí l'han trobat, a la caixa, ben encarcarat i mort de por.

—Hi ha passat tota la nit?

—Diu que a mitjanit va intentar sortir-ne, però la caixa era tancada. Volia cridar, però per una escletxa va veure el Cavaller Deshabitat que es passejava pel claustre i es ficava al rebost... Tots diuen que ha perdut l'oremus.

—Pobre Careta de Lluna!

—Ja no el veurem més!

Ens vam abraçar ben fort.

—Adéu, Arnau. Sort! Sort!

—Sort i coratge, Ocell, molt coratge!

TERCERA PART

EL CASTELL

19 *El desafiament*

EL DARRER DIA de maig, l'esplanada del davant del Castell de Peguera era plena de gent de tota mena. Començà un dia gloriós, amb un sol lluent d'or com un rei, un aire fi i perfumat com un mantell de seda, i flors a tot arreu amb els colors més vius.

Entre els merlets de les torres del castell, penjaven gallardets, draps i banderes, i al davant de la porta principal, amb el pont llevadís avall, i les cadenes de ferro per alçar-lo i abaixar-lo voltades d'heura i de ginestes florides, hi havia uns setials, muntats sobre una estrada i coberts per un baldaquí de fusta i vellut vermell, de cara a l'esplanada, per seure-hi el vescomte, la vescomtessa i els senyors que presidirien la festa.

Els setials eren buits encara, i uns soldats amb bacinets al cap, amb plomalls i crineres penjant, i cavalls encobertats de brocat i de seda, vigilaven que ningú no trepitgés el camp clos ni pugés a l'estrada.

Era la primera hora del matí i arribaven cavallers, joglars, acompanyants i curiosos del camí de llevant, del camí de ponent, del camí de migjorn i del camí de tramuntana. Els qui arribaren el dia abans havien dormit pel bosc, pels voltants de l'esplanada, o s'havien aposentat a dintre del castell, sobretot els cavallers i la gent d'upa.

Per als qui havien dormit a la serena o arribaven cansats i assedegats d'un llarg camí, el vescomte féu posar una taula molt llarga al pati d'armes de la fortalesa, amb centenars de pans calents, tal com sortien del forn, confits de mel i de sucre, carn de bou salada, vi del Priorat i una mica de gingebre verd amb malvasia de Gandia. I per als cavalls, gavadals d'aigua i senalles de civada mesclada amb rosegons de pa.

—No sembla pas tan ganyó com diuen —comentà el pare Benet de Girona, rialler, a la vista del festí.

—Fixa't que ha fet parar la taula a dintre i no a fora —li féu observar el meu vell mestre—, perquè l'accés sigui més difícil. Se les pensa totes. Els cavallers, ben tips, faran amb millor cor la justa. I la pobra gent que, per respecte, no s'atreveix a entrar, es quedarà amb el ventre buit.

—I així cap joglar ni trobador dels molts que ens hem reunit aquí, no podrà bescantar-lo —vaig afegir jo—. Al contrari, tots haurem de lloar la seva llarguesa.

Però com que tots tres portàvem una gana que ens enarborava, després de més de tres dies de camí, només amb una mica de pa i quatre figues seques per tot companatge, ens llançàrem a la taula com lleons.

Jo, mentre menjava, dret, mirava de reüll pel voltant per veure si enmig de la gent que s'acostava al tiberi o se n'allunyava amb les mans plenes de vianda, reconeixia l'Arnau o en Roc Destraler, però tot eren cares noves per a mi.

No havia tornat a veure el parell d'amics des de la nostra conversa al monestir, i ara seria difícil de trobar-los enmig d'aquest batibull, sobretot perquè no havíem quedat en un lloc ben precís i perquè els dos monjos que m'acompanyaven no s'apartaven mai del meu costat.

Durant la caminada del monestir al castell, en canvi, ens havien arribat notícies d'en Rasclet i el resultat de la prova a la qual l'havien sotmès per escatir la seva culpabilitat o innocència. El judici havia acabat bé i en Rasclet n'havia sortit sa i estalvi, ens contà un bover de Rocabruna que havia assistit a la cerimònia.

De bon primer, quan el jove bover ens va dir que era de Rocabruna, tots ens vam espantar una mica perquè temíem que no fos un empestat que fugia del poble, però el bover ens tranquil·litzà tot dient:

—No cal que us aparteu que no us encomanaré cap mal. A Rocabruna la pesta ja minva, ja no hi ha perill de contagi. La pesta ha delmat la població i només hi quedem quatre gats. En els primers moments, quan el perill era fort, jo no hi era, al poble, perquè sóc pastor de bous i passo la vida al darrere del bestiar, a pagès, a la pastura.

—Perdoneu-nos —es disculpà el monjo—. Precisament hem evitat el camí que passa per Rocabruna per por. Si haguéssim sabut la bona notícia, ens hauríem apropat al poble per veure com estan uns amics que hi viuen, i per saber què fan uns monjos companys nostres que van sortir fa poc per ajudar els malalts.

—Si conec els vostres amics, us diré com estan. Però, com que no hi sóc gaire, al poble, ja us ho he dit, a vegades no recordo els noms ni les fesomies o bé els desconec. Ara mateix, vaig al castell per veure si després de la festa el vescomte em dóna feina, ja que tots els seus bous que pasturava els han escorxat per atipar els convidats i visitants que hi acudiran. Potser em confiarà la vigilància del compliment de la jova.

—Què és la jova? —vaig preguntar jo.

—L'obligació de llaurar la terra del senyor durant un dia amb una parella de bous, que tenen tots els súbdits —m'explicà el pare Benet de Girona.

—D'en Rasclet —demanà tímidament el meu mestre—, un savi vell, mig bruixot, diuen les males llengües, a qui s'acusava d'haver causat el dany..., en saps alguna cosa?

—I tant! És un bon amic meu, en Rasclet, i així que vaig saber la calúmnia que feien córrer, vaig presentar-me al poble per testimoniar a favor seu. Mil vegades ens hem trobat pel bosc, jo amb el ramat, ell amb les herbes, i sempre m'ha ajudat i donat bons consells. És un home estrany i prou, però d'estranys ho som tots una mica, oi? Ara, és incapaç de fer cap mal a ningú.

—I com ha acabat l'afer...? —insistí el monjo vell.

Aleshores el bover explicà que els jutges havien decidit sotmetre l'acusat a la prova de l'aigua. Ficaven el presoner en un sac ben lligat perquè no pogués sortir-ne i el baixaven amb una corda al fons d'un pou, o d'un riu, d'una bona fondària d'aigua, i el mantenien submergit una llarga estona, perquè l'aigua penetrés al sac. Si quan el tiraven amunt, l'acusat no s'havia ofegat, era senyal que no tenia culpa. Així mateix ho havien fet amb en Rasclet.

—Era innocent —conclogué el bover—, ja ho sabia jo. De totes maneres, com que hi ha gent que no perdona res i en Rasclet coneix tots els misteris de la natura, alguns acusadors deien que el vell herbolari portava amagades unes quantes bufetes assecades, i que les va omplir d'aire mentre el baixaven al pou, a dins del sac, quan ningú no el veia, i quan es va trobar a l'aigua li van servir per respirar. Hi ha gent dolenta, mireu. El cas és que en Rasclet va tornar a la seva cabana del bosc i no em sorprendria trobar-me'l a la festa.

D'un tal Roger de l'Hostalric, en canvi, el bover no en sabia res. I el nom de Roc Destraler, no vaig gosar ni pronunciar-lo.

Pel camí, també vam trobar un noi molt jove, cavaller de feia només vuit dies, fet un sant Jordi, que era el primer cop que acudia a un torneig, armat d'arnès blanc i de cuirassa i casc, i amb el cavall blanc també, que feia goig de mirar.

—Si l'Arnau el veia! —jo pensava—. Es moriria d'enveja.

Tota la gent l'admirava:

—Santa Maria, senyora! —exclamaven les dones—. Un sant Jordi!

El cavaller no deia res, dret com un ciri a dalt del cavall, però un criat seu explicava que a l'edat de set anys ja ensenyaren el seu amo a cavalcar i a jugar d'esgrima, i als deu el posaren a treballar amb un ferrer perquè els braços se li fessin forts, i per això era segur que guanyaria la justa.

Més que el trobament amb el cavaller jovencell, ens va interessar la coneixença d'un recitador de noves, d'una cinquantena d'anys, tot belluguet, que anava de castell en castell referint les notícies més fresques i interessants.

—Porto novetats del rei En Jaume i de les terres de Llenguadoc, la mort de Simó de Montfort, la segona croada que contra els heretges d'aquelles terres ha començat el rei Lluís de França, les primeres victòries del comte de Tolosa, les prèdiques de sant Domènec de Guzmán i dels seus frares predicadors per fer penedir els heretges, el resultat de la prova de l'aigua que a Rocabruna ha passat un bruixot acusat de causar la pesta, la història d'un cavaller que ningú no coneix i que un escolà ha vist pels claustres del Monestir de Sant Fruitós, i el robatori d'un gipó d'ermini amb perles que el vescomte de Peguera va regalar a uns joglars que després de l'assalt ningú no ha tornat a veure, com si la terra se'ls hagués menjat...

Del rei En Jaume, el recitador de noves contà que ja havia pres dos castells pertanyents a nobles enemics, i havia alliberat un partidari seu que havien fet presoner en un dels castells, gràcies a una màquina que llançava cinc-centes pedres de nit i mil de dia. Afegí que ja tenia onze anys i que els consellers amics parlaven de casar-lo perquè volien posar fi als tripijocs dels nobles que no es resignaven a passar a segon terme i no perdien les esperances d'arribar a ser reis, sobretot l'oncle de l'infant i el comte Sanç.

De les terres del Llenguadoc, l'única notícia d'importància que no sabíem, a part de la persecució dels càtars i els horrors de la guerra, que no paraven, era incerta i feia referència a Ramon Trencavel, vescomte de Carcassona, del qual es deia que esperava la seva hora en un refugi d'Espanya, per Catalunya o Aragó, semblava.

Les altres notícies les coneixíem millor nosaltres que ell, però serviren per animar el camí, perquè el recitador belluguet hi afegí tants detalls fantàstics que, en molts casos, era difícil de reconèixer-les.

—Faules oripellades —comentà breument el monjo vell, quan el recitador de noves hagué esgotat el repertori.

—Què voleu dir amb això? —es picà el recitador.

—Que contes dues o tres veritats i prou. La resta són faules oripellades, fantasies ben abillades, però falses. Sobretot aquesta història darrera, la del cavaller que ningú no coneix i que un escolà diu haver vist pels claustres del monestir...

—Perquè aquesta us toca el viu, per això us fa mal. Com que vosaltres sou monjos d'aquest monestir, no voleu que sigui dit...

—Qui te l'ha contada, aquesta història? —preguntà el monjo jove.

—Un vailet que vaig trobar ahir, que havia viscut al monestir molts anys.

—Impossible! L'únic vailet que ha sortit del monestir des de fa molt temps és aquest que ens acompanya...

Un gran corn que sonava a la torre més alta del castell, i que podia ser oït des de més d'una llegua, em féu adonar que la festa començava. La gent, satisfeta del menjar i beure, corrien cap a l'esplanada per trobar un bon lloc. Jo estava preocupat per l'Arnau i per en Roc Destraler, però mentre avançàvem amb la gentada, entre els dos monjos i amb el llaüt a les mans per provar les cordes, vaig pensar que segur que ens trobaríem perquè jo havia de sortir a cantar al mig del camp, i quan sortís, ells em veurien. No podia imaginar què devien haver fet ni com se les devien haver arreglat el parell d'amics.

Ara tocaven les trompetes i els timbals, i uns soldats apartaven la gent perquè pogués passar un sumptuós seguici que marxava cap a l'estrada i els setials. Uns altres soldats, acompanyats de criats i jutges de camp, situaven el públic al davant de l'estrada, els cavallers a la dreta i els joglars a l'esquerra, mentre sortien pel pont llevadís cent patges i escuders a peu, de deu en deu, tot cantant cançons provençals, que encapçalaven el seguici. Després seguia el munter major amb els mossos de la cacera, que portaven llebrers de Bretanya i cans de presa, i els falconers, que portaven posats a l'avantbraç ben enguantat de cuiro falcons perdiguers, esparvers i falcons petits, amb el cap tapat amb una cucurutxa. Després venia el palafrener major, muntat en un cavall i seguit de tot d'altres cavalls, molt ben guarnits i amb tot de divises heràldiques a les gualdrapes, els destrers o cavalls de batalla amb un criat que els acompanyava, a peu, portant-los per la brida, i els cavalls de sella amb els palafreners muntats, tots amb vestits nous. Després hi havia una dotzena de carros plens de bótes de vi, amb una mona o un mico al damunt de cada bóta, i cada carro el tiraven quatre mules que els mossos menaven pel ronsal. I tot de gent d'armes a peu que portaven els escuts del vescomte i dels nobles cavallers que havien acudit a la justa. I finalment el vescomte de Peguera, a cavall, amb una armadura tota negra i l'espasa desembeinada a la mà, enmig de la vescomtessa i de la seva filla Carmesina, el cap ple de flors les dues i amb vestits blaus com unes princeses, sobre cavalls dòcils. I flautistes, timbalers i trompeters que tancaven el seguici.

Quan tothom s'hagué col·locat es féu un gran silenci. El gran corn tornà a sonar, i el vescomte, dret davant del seu setial, parlà:

—Començarem per les cançons mentre esperem un cavaller conegut amb el nom de Cavaller Deshabitat, al qual jo he fet enviar una lletra de batalla en què el desafio a entrar en camp clos i a combatre a tota ultrança, cos per cos, amb armes defensives i ofensives. Jo vull creure, pel seu honor, que acudirà a la cita. Mentrestant, que comenci el concurs de joglars.

Sortírem al mig del camp tots els joglars, amb llaüts, flautes o rabells. Érem uns vint-i-cinc, i quan el jurat ens hagué escoltat a tots decidí que ens quedéssim al reng només quatre, jo el més jove, perquè el guanyador havia de ser un de nosaltres.

Uns trobadors, senyors molt alts, ens proposaren jocs poètics, que nosaltres havíem de resoldre. Les nostres cançons els havien agradat molt, i en saber que n'érem els autors nosaltres mateixos, volgueren provar fins on ens arribava l'enginy.

El primer joc consistí a compondre una cançó d'amor en la qual totes les paraules comencessin per la mateixa lletra, si era possible, la mateixa amb la qual començava el nom de la nostra dama. Jo vaig triar la lletra C, perquè vaig pensar en Carcassona i en la dama de l'Arnau, Carmesina. La meva composició feia:

Cada cor caça
com canta:
cor callat,
cor calmat.
Cor cridaner,
cavall capisser.
Cor caçador
caça cavaller
cavalcador.
Cor commogut
caça cavaller
caraeixut.

Els altres tres també se'n van sortir. En el segon joc vàrem haver de respondre en vers a la pregunta que ens féu un dels trobadors:

—Quines dames són més belles, més corteses, més lleials i més bones, les catalanes o les provençals?

Jo vaig respondre:

Les dames catalanes
són galanes.
Les dames provençals
són lleials.
Si són lleials i galanes
són catalanes.
Si són galanes i lleials
són provençals.

Així vaig quedar bé amb tothom i vaig aconseguir de passar a la tercera prova.

Un altre jutge i trobador, Jaume Roig, ens proposà de fer un sirventès que critiqués la petitesa d'un home, de manera que cada un de nosaltres digués un vers i en acabar els quatre versos fessin una estrofa. Van sortir així:

Xic, caganiu,
sec, renadiu,
flac, setmesí,
avar, mesquí.

I per acabar, Cerverí de Girona, un altre trobador, proposà que cada un fes el vers més difícil que pogués trobar, i l'autor d'aquell que ningú no es veiés amb cor de desxifrar seria proclamat guanyador. La meva obra fou la guanyadora perquè ningú no va saber veure què deia. Feia així:

Quiflimin doflomoloflomor,
l'aflamamoflomor!

Que volia dir, en forma breu, una cosa ben senzilla:

Quin dolor,
l'amor!

Però jo el vaig fer estrany, ficant-hi entre síl·laba i síl·laba les consonants *fl* i *m* seguides de la vocal de la síl·laba original, i deixant solta al final la darrera lletra de cada paraula. Així, qui-n donava *qui*-fli-mi-*n,* do-lo-r es transformava en *do*-flo-mo-*lo*-flo-mo-*r* i l'a-mo-r era *l'a*-fla-ma-*mo*-flo-mo-*r.*

El públic cridava d'alegria. Els tres companys perdedors van felicitar-me, i els altres també. Els trobadors que ens havien jutjat m'abraçaven. El vescomte, la vescomtessa i la seva filla em van fer pujar a l'estrada perquè em volien conèixer.

—Com et dius? Qui t'ha ensenyat tan bé?

I jo, sense pensar en altra cosa que en el meu triomf, atordit per les aclamacions, vaig contestar:

—Sóc l'Ocell de Foc, i els meus mestres han estat el Cec de Cabrera i un monjo del Monestir de Sant Fruitós que es diu Berenguer de Foix, però no és segur perquè fa temps...

De sobte vaig adonar-me que tots em miraven espantats, els ulls del vescomte s'havien encès d'ira, la seva muller abaixava el cap, i només Carmesina somreia plàcidament, com si per ella no fos cap sorpresa el que acabava d'escoltar.

El vescomte va posar-se dret i brandava l'espasa i jo estava a punt de saltar de l'estrada i fugir tan rabent com pogués, quan una veu coneguda que cridava des del camp, una veu insolent i segura, aturà la mà del vescomte i les meves cames i ens féu oblidar la imprudència que acabava de cometre.

—Ja que et glorieges que ets dreturer, no hauries de fer coses injustes, vescomte bandoler!

Era l'Arnau, plantat al mig del camp, al davant d'un cavall que menava per la brida, i al damunt del cavall un cavaller tot armat, la cara tapada per la visera del casc, amb el puny de la llança recolzada al rest, en posició d'atac.

L'Arnau portava el gipó de brocat adornat amb pells d'ermini i perles que ens havia regalat el vescomte de Peguera i que ens havia tornat a prendre poc després. Feia goig, el meu amic, amb aquella peça, i el sol, gairebé a punt de migdia, s'hi reflectia com si fos una roba de cristall.

—Aquí teniu el Cavaller Deshabitat —cridava l'Arnau—, que ha acceptat el desafiament. Baixeu a lluitar!

—Que parli ell, doncs! —bramulà el vescomte—. Que calli l'escuder, o el mosso, o el que sigui, i que parli el cavaller, i que ens mostri el rostre.

—El Cavaller Deshabitat —contestà l'Arnau sense afluixar— no parla ni mira la cara dels bandits. El seu criat, que sóc jo, és suficient per parlar amb mentiders. El meu cavaller només es fa amb gent noble i valenta o bé amb els po-

bres, les vídues, els orfes i els malalts. El Cavaller Deshabitat compleix les lleis de l'orde de cavalleria; no fa com vós, que robeu els joglars que convideu a la vostra taula i els empresoneu i turmenteu després. Coneixeu aquest gipó que porto? Tots són testimonis que el vàreu regalar al Cec de Cabrera i a la seva colla ara fa un any, per la tardor. I per què l'hi vàreu prendre l'endemà disfressat de bandoler? I per què vàreu empresonar secretament el pobre Cec i els seus amics? Cerqueu per les masmorres del castell i hi trobareu el Cec de Cabrera i els seus amics, podrits de fred, de fam i de vergassades. Vescomte bandoler: el cor us sua per culpa secreta. Teniu els ulls inflats de por. Ara sabrà tothom que lluiteu amb males arts contra el rei En Jaume i els seus amics. Aquest gipó i les paraules del Cec de Cabrera i de la seva colla serviran de testimoniatge. Que ho sàpiga tothom: teniu el cor ple de falsia i us vessa de maldat!

El vescomte, enfuriat, saltà a terra i demanà el seu cavall i una llança grossa. El muntà sense dir res, perquè no se li escapés per la boca la força de la ira que li cremava la pell. Es fermà la llança en el rest, a la part dreta del pit de l'armadura, en posició d'atac, i amb un furiós cop de talons clavà els esperons en els flancs del cavall.

Els jutges del torneig s'alçaren dels setials, mig espantats. Les dames feren el mateix i es taparen la boca amb les mans per no cridar.

L'Arnau, així que va veure l'embranzida que portava el cavall del vescomte i la llança en punta que es dirigia directament al seu cavaller, deixà anar les regnes que aguantava i es llançà a terra, un tros enllà.

El Cavaller Deshabitat no es mogué ni un pèl. El xoc de les dues llances, els dos cossos i els dos cavalls féu estremir tota l'esplanada. Com que el Cavaller Deshabitat no oposà cap resistència a l'ímpetu del vescomte, aquest caigué per terra amb una violència redoblada.

El Cavaller Deshabitat es partí en les peces de l'armadura que el protegien: el casc per un cantó, les manyoples per un altre, l'escut més amunt, els cuixots més avall, la cota de malles desfeta, i així tot, de manera que el ninot de palla que amagaven quedà despullat, a la vista de tothom.

El vescomte bandoler va caure al damunt de la seva llança, clavada a terra, i morí del cop al pit, al costat del seu cavall.

20 *L'endeví*

ÉREM tots al davant de la cabana d'en Rasclet, asseguts sobre pedres, al mig del bosc, en plena nit de juny. Hi érem l'Arnau, en Roc Destraler, els dos monjos del Monestir de Sant Fruitós, el Cec de Cabrera, la joglaressa Matilde, o la Soldadera, el Cavaller Salvatge i el bruixot, en Rasclet, que inclinat sobre un foc senzill, al mig del cercle, remugava paraules estranyes mentres feia bullir una olla d'aigua bruta.

—Quan estigui tot a punt ja ens avisaràs —digué en Roc al bruixot.

Però en Rasclet no contestà ni féu cap gest, com si no ho hagués sentit.

—Deixa'l —l'aconsellà el monjo vell—. Està capficat amb la seva aigua de barreja d'herbes i de sang de salvatgines, per veure si els grumolls que s'hi formen coincideixen amb la disposició dels astres i així ens pot predir a tots bona sort en la nova ruta que anem a emprendre.

—Segons com vagi la bullida —rigué, divertit, el Cavaller Salvatge—, diu que també ens endevinarà l'esdevenidor.

—No és gaire difícil d'endevinar —va afegir en Roc, gratant-se la cicatriu—: els dos monjos tornaran al monestir, a la seva vida de treball i oració; el Cec i la seva colla, un cop ben descansats i refets de les sofrences del castell, tornaran als camins per alegrar la bona gent i portar noves pels castells; en Rasclet es quedarà en aquest mateix lloc, voltat de mussols i de plantes, a veure si algun dia descobreix el secret de les malures i de la mort; jo..., jo em sembla que tornaré al Castell de Peguera, i acceptaré el càrrec de palafrener major que m'ha ofert la vescomtessa; l'Arnau marxarà a lluitar al costat del rei En Jaume i tornarà un dia al castell armat cavaller, per casar-se amb la Carmesina; i l'Ocell de Foc, ara que ja sap que el seu pare era el millor joglar del món, Aicart de Carcassona, esdevindrà també un joglar famós, i les seves cançons duraran més que les nostres vides.

—Tornarem al monestir, cert —confirmà el vell Berenguer de Foix—, però, com explicarem a l'abat que en tornem dos si en vam sortir tres?

—Això sense comptar aquest llamp de l'Arnau! No entenc com no han sortit a cercar-te, els monjos! —afegí el jove Benet de Girona.

—Us he dit que no patiu per mi —somrigué l'Arnau—, ja veureu com tot s'arregla. Jo compliré la meva vocació, que no es troba entre les parets del monestir. Ja heu vist com entre en Roc i jo ens hem sabut espavilar per guanyar el vescomte bandoler i desemmascarar les seves malifetes.

—I gràcies a la Carmesina i a la meva mare —puntualitzà en Roc Destraler, sorneguer—, que coneixen el castell pam per pam, i ens van amagar, ens van ajudar a trobar el gipó de brocat adornat amb pells d'ermini i perles, a lligar el ninot de palla i a vestir-lo amb l'armadura del Cavaller Deshabitat, etcètera, etcètera, etcètera.

—La Carmesina guardava una armadura que hi havia al castell per a mi —explicà l'Arnau—, i en deia el Cavaller Deshabitat, i a mi m'ha batejat amb aquest nom, que ja no em podré treure mai més del damunt.

—Sort també de la prudència de la vescomtessa i dels jutges —reflexionà el monjo jove—, que van calmar els soldats i cavallers del vescomte quan aquest va caure del cavall, que si no arriba a ser per ells, que estimaven més la justícia que la venjança, l'Arnau i tu, Roc, hi deixeu la pell. Com que la justícia estava del nostre costat, va resplendir ben clara la nostra innocència i la maldat del vescomte bandoler.

—La vescomtessa estava una mica tipa de les arbitrarietats i del mal geni del seu marit, i sospitava alguna cosa —digué el monjo vell.

—La troballa del Cec, de la Soldadera i del Cavaller Salvatge a la masmorra més fonda i secreta del castell va acabar de convèncer els qui encara no veien clares les dues cares del vescomte bandoler —recordà l'Arnau.

—L'Escarnidor d'Ocells, que en els primers moments cridava contra nosaltres, va fugir amb una colla de traïdors, bosc endins... Quan la vescomtessa va aconseguir de calmar la gent, va dir que es faria justícia, però que primer havia d'escoltar els acusats i deixar que es defensessin —vaig dir jo, per dir alguna cosa, perquè no semblés que no escoltava la conversa.

El cert és, però, que només escoltava amb una orella aquella xerrameca, perquè l'altra orella la tenia atenta a les veus del meu interior. La ferida em punyia, l'encantament m'allunyava d'aquell lloc i de la companyia dels meus amics, i unes veus interiors em demanaven si jo era Aicart de Carcassona, si seria un gran trobador i si m'enganxaria altre cop a la colla del Cec de Cabrera o m'uniria a l'Arnau, quan fos l'hora d'escollir nova ruta.

El Cec de Cabrera no deia res. Amb el posat seriós, la cara seca i els ulls oberts a l'infinit, com si escorcollés la fosca, seia al meu costat. Jo li vaig posar la bossa d'or que m'havia confiat temps enrere a la mà.

—Fins que he vist que el monjo mut i vós us coneixíeu i us abraçàveu com a germans, he dubtat que fos el vostre amic Berenguer de Foix. Ara ja és tard. Disposeu vós mateix del destí de la bossa.

—Ocell —començà el Cec amb la seva veu ferrenya—, Ocell de Foc, aquesta bossa és teva. L'he guardada per a tu i si et vaig dir que la donessis al meu amic Berenguer de Foix va ser perquè estava segur que ell la guardaria per a tu tal com he fet jo tot el temps que hem anat junts, fins que vulguis emprendre el vol pel teu compte. I em penso que ja ha arribat aquest moment, oi?

Em vaig tornar a trobar amb la bossa a les mans.

—És meva? Qui us la va confiar? —vaig dir.

—Quan jo era Guiu de Cabrera i havia acceptat fer-me càrrec de la teva educació, abans de perdre la vista al Castell de Bram, el vescomte Ramon Roger Trencavel, bon amic del teu pare, em va donar aquesta bossa perquè te la passés quan fossis gran, perquè poguessis entrar a la vida sense por de misèria, ja que eres orfe i el teu pare l'havia servit amb coratge i fidelitat, fins a la mort al setge de Carcassona.

—L'olla ja bull —cridà l'Arnau, que s'havia acostat al fogarret, però el bruixot l'apartà d'una manada.

Es féu un silenci. Del cor del bosc arribaven unes fresses estranyes. En Rasclet contemplava, immòbil, el líquid posat al foc.

—Del clergue vagabund que va escampar el sirventès que tant molestava el vescomte bandoler, no se n'ha sabut res més —comentà lentament, com per dir alguna cosa, en Roc Destraler.

—Els camins se l'han menjat, com se'ns menjaran a tots nosaltres —comentà el Cavaller Salvatge.

—Qui sap on para! —exclamà l'Arnau.

—Tornareu a Carcassona i a Tolosa? —vaig dir al Cec.

—I tu —em demanà ell, al seu torn—, marxaràs amb l'Arnau a fer costat al rei En Jaume, a ajudar-lo amb les teves cançons?

Jo vaig dubtar un moment.

—Sí —vaig dir, sense estar gaire segur d'on sorgia aquest convenciment—. Em sembla que sí.

—És el millor que pots fer —confirmà ell—. Aquesta és la teva terra, no en coneixes d'altra, i has de lluitar per ella. Nosaltres no sé què farem. Ara sembla que hi ha una revifalla per les terres del Llenguadoc, i si torna Roger Trencavel, el fill del teu protector, la revifalla pot ser més forta, però tinc la impressió que després de tants anys de lluita, després de tants morts, després de tanta violència, les beneïdes terres de l'altra banda dels Pirineus no aixecaran mai més el cap, i els seu destí serà el destí dels vencedors, els francesos.

—La presó que hem sofert us fa veure les coses negres —digué la joglaressa Matilde—. Potser les coses aniran d'una altra manera.

—No ho crec pas —insistí el Cec—. Venceran els francesos.

En Rasclet s'afegí a la disputa, tot dient, sense alçar el cap de l'olla:

—Jo tampoc no veig cap bon senyal per aquest cantó. En canvi, tots els auguris són favorables per la banda d'aquí dels Pirineus. El rei En Jaume es casarà aviat amb la filla d'Alfons VIII, Elionor de Castella, i els seus partidaris no passaran més ànsia per la seva vida, per raó de malalties o que els enemics l'emmetzinin. Quan hagi adondat els nobles enemics, conquistarà terres ara en poder dels sarraïns, escriurà i dictarà llibres, redimirà els captius de tota la terra, protegirà els joglars i artistes, construirà vaixells per anar a cercar illes mar endins, establirà lleis justes, i farà onejar la senyera barrada damunt les torres més altes...

L'Arnau m'estirava, enardit, per les visions d'en Rasclet:

—Aquest és el nostre rei! Anem, Ocell, ara mateix! En marxa! Aquest és el nostre temps! Tu escriuràs i cantaràs totes les seves gestes! Quina sort ser joves i viure en un temps com aquest, que tenim un rei que ens portarà de ventura en ventura!

Jo el seguia, tot rient, i tots els companys reien. Però quan ens aturàrem a la porta de la cabana per entrar a recollir el llaüt i el sacotell de la manduca, tot el nostre equipatge, el Cec va posar-se a cantar una cançó nova, o que jo no la hi havia sentit abans, i que li devia haver nascut del silenci i la ferida i l'encantament d'aquella nit de juny. La veu del Cec era adolorida, com si volgués posar un contrapunt de tristesa a la nostra alegria. La cançó deia:

Terres de Provença,
qui us ha vist i us veu!
Besiers, Carcassona!,
ploreu, ploreu!

Índex

62 ***El Príncep de Vilamaniscle***
Josep Torrent
Un pergamí escrit en grec porta les tres protagonistes a fer un meravellós viatge per la Garrotxa i el Conflent i a conèixer una història que va passar fa sis segles i que conté els elements clàssics: uns herois, una noia bonica, un malefici i una bruixa.

116 ***El crit del comte Arnau***
Jaume Terradas
Del comte Arnau se n'expliquen moltes històries: l'Arnau condemnat a vagar eternament; l'Arnau que travessa la nit damunt un cavall negre i deixa un rastre de foc... La trobada d'en Roger amb el comte farà que el noi visqui la seva pròpia aventura.

118 ***El castell del cor menjat***
Margarida Aritzeta
La Jordina, en Marcel i en Marc van amb una colla castellera a actuar a Perpinyà per Sant Joan. Durant la nit màgica de les fogueres viuen una trepidant aventura en què no falten un rapte, espies, persecucions, amors, castells, trobadors i cavallers que es preparen per a la guerra.

128 ***Un espia anomenat Sara***
Bernardo Atxaga
Durant la Primera Guerra Carlina, en Martín Saldías es converteix en la Sara, un espia carlí que ha de portar un missatge important al general Zumalacárregui. Però, en arribar al campament del general, a causa d'un incident aparentment sense importància, en Saldías comença a sospitar que entre les files carlines hi ha un traïdor.